Arnollet

testament

CHEMIN DE FER

DE

PARIS A LYON,

PAR

TROYES ET DIJON.

PROJET

DE

Formation d'une Société

POUR L'ÉTABLISSEMENT

D'UN CHEMIN DE FER

ENTRE PARIS ET LYON,

PAR TROYES ET DIJON,

AVEC UN EMBRANCHEMENT REMONTANT LA VALLÉE DE LA
SAONE DE SAINT-JEAN-DE-LOSNE A GRAY ;

proposé

PAR M. ARNOLLET,

ANCIEN INGÉNIEUR EN CHEF DE LA CÔTE-D'OR,

POUR FORMER,

AVEC LE CHEMIN PROJETÉ ENTRE MARSEILLE ET LYON, ET AVEC CELUI
QUI DÉJA EST ÉGALEMENT PROJETÉ ENTRE LE HAVRE ET PARIS,

la grande communication

DE L'OCÉAN A LA MÉDITERRANÉE.

DIJON,

IMPRIMERIE DE CARION, PLACE D'ARMES.

1833.

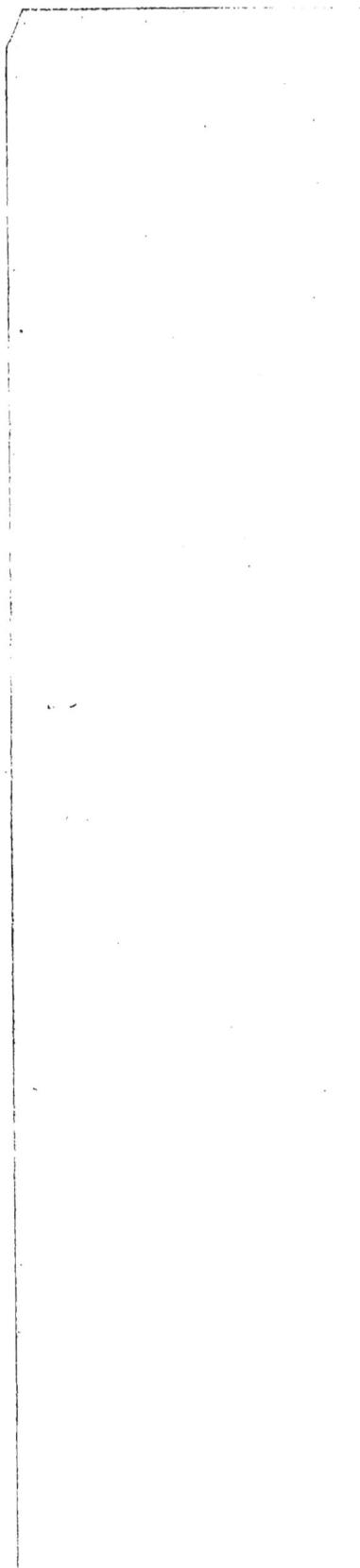

PROJET

DE FORMATION D'UNE SOCIÉTÉ

POUR L'ÉTABLISSEMENT

D'UN CHEMIN DE FER

DE PARIS A LYON.

CHAPITRE Ier.

Comparaison des systèmes de communication actuellement existans, ou qui ont déjà été projetés, avec le chemin proposé.

L'excessive cherté des transports par la voie de terre, lorsqu'ils devaient se faire à de grandes distances, a long-temps fait considérer la navigation sur le cours naturel des rivières comme le meilleur moyen d'établir des relations commerciales entre les différens pays situés dans une même vallée ; et, lorsqu'on a voulu franchir les espaces qui séparaient les points où la navigation ne pouvait plus se faire sur la rivière, on a formé par des canaux une navigation artificielle. On a pu ainsi établir ces grandes lignes de navigation qui traversent la France entière, et parmi lesquelles on doit classer au premier rang celle qui, au moyen du canal de Bourgogne, met en communication l'Océan et la Méditerranée, en passant par Paris et Lyon ; mais les canaux étant généralement disposés de manière à conserver,

pendant tout le temps où l'on y maintient la navigation, une hauteur d'eau à-peu-près constante,
tandis que cette hauteur varie continuellement sur
les cours d'eau naturels, plus le nombre des canaux
s'est accru, plus on a senti la nécessité d'améliorer
la navigation sur les cours naturels des rivières.

Destinée à servir à la grande communication que
je viens de mentionner, de l'Océan à la Méditerranée, la Saône, notamment, a été depuis long-
temps signalée comme ne devant plus, dans son
état actuel, suffire aux besoins du commerce, lorsque les canaux de Bourgogne et du Doubs seraient
terminés, et surtout lorsque l'on aurait également
achevé le canal qui semblait alors indispensable,
parallèlement au cours du Rhône, entre Lyon et
Marseille.

La Saône est en effet souvent, et cela presque
jusqu'aux portes de Lyon, privée d'eau pendant
une grande partie de l'année, par l'effet des sécheresses, et l'on y voit aussi la navigation fréquemment entravée par les inondations qui ne lais-
sent plus apercevoir les chemins de halage, ou par
les glaces qui la couvrent dans les froids de 7 à 8
degrés. Les bateaux, qui remontent de Lyon à vide
pour prendre chargement à Gray, sont souvent
plusieurs mois sans pouvoir descendre, ou ne le
font qu'à moitié, ou même qu'au quart de charge;
et souvent, lorsqu'ils ont espéré, par la hauteur
des eaux à Gray, pouvoir faire leur voyage à charge,
ils sont obligés de laisser en chemin une partie de
leurs marchandises, ne trouvant plus assez de hau-

teur d'eau **en** aval, ou, surpris par l'augmentation de la crue, forcés de s'arrêter dans le trajet, et d'y demeurer par fois un temps considérable; et trop souvent, lorsqu'ils n'ont pas cette précaution, on a à déplorer les accidens les plus graves.

Aussi, ne trouverait-on que bien peu d'instans dans l'année où il fût possible à un patron de la Saône de garantir à Gray, ou même à Saint-Jean-de-Losne, l'arrivage d'un bateau à Lyon, à pleine charge, pour une époque déterminée. C'est par ces raisons que le prix des transports sur cette rivière est toujours extrêmement élevé, et que beaucoup de marchandises, qui devraient naturellement suivre cette voie si elle était sûre et prompte, préfèrent encore la voie de terre, quoique beaucoup plus dispendieuse.

Il y a long-temps qu'on a connu le besoin de changer un tel état de choses; et l'empereur Napoléon, qui avait établi par la loi du 30 floréal an X l'impôt sur la navigation, spécialement destiné à l'exécution des ouvrages qui y seraient relatifs, avait aussi prescrit, par un décret du 21 germinal an XIII, de rendre la Saône navigable en tout temps, depuis Gray jusqu'à Lyon, avec la même charge que dans les canaux, où le tirant d'eau est fixé à 1 mètre 60 centimètres.

Ingénieur ordinaire à Dijon, en l'année 1809, je fus chargé à cette époque de faire les projets nécessaires pour l'exécution de ce décret sur la partie comprise dans le département de la Côte-d'Or, et jusqu'au-dessous de l'embouchure du Doubs, où, le volume d'eau devenant plus considérable, on présumait qu'il y aurait lieu d'employer un autre système de travaux.

Après de longues études et des opérations multipliées, je remis, en 1812, des projets de diverses natures, l'un pour améliorer la navigation par le moyen de barrages fixes, ainsi que l'avait demandé le conseil des ponts-et-chaussées ; l'autre pour procurer le même résultat par le moyen de barrages mobiles, que je proposais de substituer aux barrages fixes, dans le cas où l'on voudrait toujours naviguer en lit de rivière ; enfin, un troisième projet, pour l'établissement d'un canal de dérivation, dont le conseil des ponts-et-chaussées avait aussi demandé l'étude, et dont j'offrais tous les détails, de Pontailler jusqu'au-dessous de Verdun, indiquant les moyens de le prolonger en amont jusqu'à Gray.

Dans le mémoire où étaient discutés les avantages et les inconvéniens de chacun des trois projets, dont la dépense était exactement calculée, je réclamais la préférence pour le canal qui, permettant de réduire considérablement les frais de navigation, pourrait admettre l'établissement d'un péage suffisant pour rendre, indépendamment des frais de son entretien, un intérêt convenable du capital qui y aurait été employé.

J'avais également discuté les autres moyens fréquemment indiqués pour améliorer la navigation en lit de rivière, tels que, rétrécissement par des digues parallèles , épis pour diriger les courans

sur les bancs que l'on voudrait détruire, et dra-
gages sur les mêmes bancs; j'avais démontré combien peu l'on pouvait espérer de l'emploi de tous
ces systèmes, et l'impossibilité absolue d'en obtenir
les résultats demandés par le décret impérial, pour
l'exécution duquel le canal de dérivation me paraissait le seul moyen qui pût, sans danger pour
la plaine, ni pour la navigation elle-même, offrir
des résultats certains.

Mon avis avait été adopté par l'ingénieur en
chef, et mon travail adressé par lui au directeur
général au commencement de 1813; mais, depuis
cette époque, d'autres soins ont occupé l'administration. On n'a pas négligé cependant de percevoir
l'impôt spécial; mais le décret relatif à la Saône a été
entièrement oublié; et ayant, il y a deux ans, demandé à M. le directeur général la permission de
disposer du travail que j'avais fait à cet égard, et
de le proposer à une compagnie qui voudrait exécuter le canal à ses frais, M. le directeur général
m'a autorisé à le faire, et m'a remis les pièces de
mes projets qui n'avaient jamais été soumis à la
discussion du conseil.

Cependant, à la même époque, s'exécutait entre
Lyon et St.-Etienne le chemin de fer, parallèle en
partie à un canal de navigation, dont on ne paraissait pas redouter la concurrence; plusieurs
chemins de cette nature étaient d'ailleurs en pleine
activité en Angleterre, où notamment celui de
Liverpool à Manchester s'était établi en concurrence avec deux canaux voisins, et il sembla dès-

lors possible que ce nouveau système de communication, bien que le prix des fers et des charbons
soit beaucoup plus élevé en France qu'en Angleterre,
offrît aussi en France des avantages assez grands
pour le faire, dans bien des cas, préférer aux
canaux.

Je remarquais que plus l'industrie s'accroît, plus
elle réclame pour ses produits des communications
faciles. On ne veut pas seulement que des marchandises puissent être transportées d'un lieu à un
autre, on veut qu'elles le soient promptement ;
on demande des arrivages à jour fixe, et sous ces
différens points de vue, les chemins de fer offrent
sur les canaux des avantages incontestables ; ils
ne craignent ni les froids, ni les sécheresses, par
lesquels chôment également les canaux et les rivières, et l'emploi que l'on peut y faire des machines à vapeur locomotives permet d'y exécuter
le transport des marchandises, et surtout celui
des voyageurs, avec une étonnante rapidité. On
n'a pas non plus à y craindre les avaries des
marchandises, ni ces naufrages trop fréquens sur
la Saône et sur le Rhône, et dont les chances
doivent entrer dans le calcul des frais de transport.

Ces réflexions durent me faire craindre de proposer un projet de canal qui ne trouverait pas de sou-
scripteurs, ou que, si l'entreprise avait lieu, un chemin de fer qui s'établirait à côté du canal ne vînt le
paralyser un jour, et me déterminèrent à étudier
d'abord avec soin quelle pourrait être la dépense de
l'établissement du chemin de fer, et quelles recettes

il serait permis d'y espérer, en y fixant le tarif des transports à un taux inférieur à celui du prix actuel des mêmes transports par bateaux : condition sans laquelle il était évident que l'on n'atteindrait pas le but que je m'étais principalement proposé, celui d'offrir au commerce, en général, une voie préférable en tout temps à la navigation sur le cours naturel de la rivière.

Pour remplir cette condition, et en ayant égard aux efforts que peuvent faire les entrepreneurs des transports par eau pour soutenir la concurrence, il m'a été démontré que le tarif du chemin de fer ne devrait pas excéder o f. 35 c. par tonne de 1000 kilogrammes. La question se réduisait donc à voir si un pareil tarif pouvait promettre à la compagnie qui ferait le chemin l'intérêt de ses capitaux.

Le jugement de cette question semblait déjà prononcé contre moi par différens auteurs qui ont écrit sur les chemins de fer, et qui s'accordent à les considérer comme devant ne transporter que les marchandises d'un prix élevé, et ne rien changer à l'état actuel des choses en ce qui concerne les canaux et les rivières, et comme devant dès-lors avoir des tarifs de transport plus élevés que les dépenses qui ont actuellement lieu sur les rivières ou les canaux. Mais je n'ai pas trouvé dans les indications qui servent de base à leur opinion ce caractère d'authenticité que je désirais pour établir la mienne ; plusieurs même de ces auteurs conviennent que les documens fournis par les compagnies anglaises peuvent bien avoir été à dessein exagérés pour la dépense, vu qu'elles ont toutes intérêt à obtenir de forts péages ; j'ai donc cru devoir moi-même approfondir la question, non pas d'une manière générale, car les résultats que l'on obtient ainsi servent à bien peu de chose lorsque l'on veut passer à des applications , mais en m'occupant spécialement de la localité où j'avais projeté le canal, et qui me semblait réunir toutes les circonstances les plus favorables pour l'établissement d'un chemin de fer.

En me livrant à cet examen, je n'ai pas tardé à reconnaître qu'il ne pouvait pas en être d'un projet de chemin de fer comme d'un projet de travaux pour améliorer la navigation d'une rivière ; ceux-ci peuvent être partiels, ne s'exécuter que successivement, varier selon les positions, et chaque partie séparée peut offrir des avantages immédiats ; un chemin de fer , au contraire , destiné à changer entièrement les habitudes du commerce, ne peut être avantageux qu'autant qu'il établit la communication entre des points assez distants pour qu'il y ait un intérêt bien sensible à quitter la voie ordinaire. Le chemin de fer qui n'aurait été proposé qu'entre les points de Gray et de Verdun, comme l'avait été primitivement mon projet de canal de dérivation, n'aurait pu avoir aucun succès, vu que l'obligation d'embarquer les marchandises à Verdun pour les conduire à Lyon aurait toujours fait suivre la voie d'eau entre Gray et Verdun pendant la majeure partie de l'année. Le canal, dans ce cas, eût été certainement préférable; mais les mêmes calculs m'ont fait voir que le chemin de fer aurait un avantage d'autant plus grand qu'il aurait une plus grande longueur, et que cet avantage serait immense si, sans exiger proportionnellement plus de dépense que celle que j'avais reconnue nécessaire entre Gray et Verdun, et sans avoir des pentes considérables, il réunissait les villes de Paris et de Lyon. J'ai cru devoir dès-lors étudier le projet de cette grande communication.

La direction qui s'offrait le plus naturellement pour aller de Lyon à Paris était, en remontant la vallée de la Saône, de gagner le bassin de la Seine dans le point le plus rapproché, d'autant que le canal de Bourgogne ouvrant déjà avec la capitale la communication par la vallée de l'Yonne, il semblait convenable que le chemin de fer en desservît une autre. C'est donc sur cette ligne que j'ai d'abord porté mes recherches.

J'avais autrefois parcouru la vallée de la Seine entre Troyes et Paris, et je savais que, dans cette partie, la pente de la rivière est presque insensible, les coteaux rarement escarpés dans les lieux où ils joignent la rivière, et qu'il ne s'y trouverait aucune difficulté de nature à s'opposer à l'exécution du chemin ; et comme il importait surtout de rattacher le projet que je voulais proposer à celui du canal que je présumais devoir s'exécuter entre Lyon et Marseille, j'ai ajourné l'examen de la partie comprise entre Paris et Troyes, et mes études se sont spécialement portées sur celles de Troyes à Lyon.

Le tracé d'un chemin de cette nature, dans les grandes vallées, est indiqué généralement par le pied des coteaux qui bordent les plaines où ces chemins peuvent ordinairement s'établir sans de grandes difficultés ; mais lorsque l'on s'approche des montagnes qu'il faut traverser, et qui forment la séparation des bassins de deux grands fleuves, alors il se présente une foule de ramifications, formées par les vallons et les gorges de ces montagnes, et l'on doit y choisir celles qui offrent en même temps le plus de facilités pour l'exécution, et les pentes les plus douces, et qui conduisent au point où le passage des montagnes peut s'effectuer au niveau le plus bas possible. La ligne la plus courte serait rarement ici la meilleure ; on voyage avec tant de rapidité sur les chemins de fer, lorsqu'ils n'ont qu'une pente légère, que c'est principalement au réglement de la pente que l'attention paraît devoir être portée ; car si les machines à vapeur locomotives, que l'on emploie pour y traîner les convois de waggons, offrent un avantage immense sur un chemin à-peu-près de niveau, cet avantage décroît rapidement en raison de l'augmentation de la pente, à tel point que bientôt la machine elle-même ne pourrait pas se soutenir sur les rails, et que là, où les pentes seraient fortes, on serait obligé d'avoir recours à des chevaux ou à des machines fixes qui offrent d'autres inconvéniens. Aussi, ai-je visité surtout avec le plus grand soin tous les cols de la grande chaîne qui sépare, dans le département de la Côte-d'Or, les

bassins de la Seine et de la Saône, et j'en ai reconnu un, des plus rapprochés de la ligne de
communication directe, où par un percé dont
la longueur n'excédera pas 1500 mètres, dans une
roche calcaire tendre, on établirait la communication entre deux vallées dans lesquelles le chemin
peut aisément s'exécuter, descendant de part et
d'autre avec des pentes très-douces jusqu'aux lits
de la Seine et de la Saône.

Convaincu que si un chemin de fer pouvait être
utilement projeté entre Paris et Lyon, ce serait
par cette direction, qui offre la ligne la plus courte,
les pentes les plus douces et le sol le plus facile
à travailler, je m'occupais à étudier les détails de
son exécution, afin de pouvoir en calculer la dépense, et en présenter un projet complet, lorsque j'appris presqu'en même temps et la formation d'une société pour établir entre Marseille et
Lyon un chemin de fer dans la vallée du Rhône,
et le projet d'un chemin pareil entre Paris et le
Hâvre, et celui d'un autre chemin de fer de Gray
à Saint-Dizier, et le dessein que l'on avait également d'établir une communication du même genre
entre Lyon et Paris, en se servant des chemins
récemment exécutés, ou maintenant en construction,
de Lyon à Andrézieux par Saint-Etienne, et d'Andrézieux à Roanne, et continuant ce dernier le
long de la Loire jusqu'à la ville d'Orléans, et
enfin le double projet annoncé par MM. Blum, de
l'ensemble des chemins de fer, dont ils demandaient
la concession, savoir : pour un chemin de Nantes

à Strasbourg, et pour un autre du Hâvre ou de Dieppe à Marseille, passant par Paris et Lyon, ce dernier indiqué d'abord, dans un mémoire du 30 mars 1832, comme devant, depuis Paris, suivre la vallée de l'Yonne et la ligne du canal de Bourgogne jusqu'à Dijon, d'où l'on irait, par Nuits, Beaune et Châlon, joindre le cours de la Saône; puis, dans un second mémoire, du 25 juin suivant, abandonnant la ligne du canal de Bourgogne et Dijon, présenté comme devant de Paris remonter le cours de la Marne, pour traverser près de Langres la grande chaîne des montagnes, aller joindre la Saône à Dampierre, descendre de là cette rivière jusqu'à Pontailler, la quitter à ce point pour venir joindre la route de Châlon, près la ville de Nuits, et de là, comme dans le premier projet, regagner la vallée de la Saône à Châlon pour la suivre jusqu'à Lyon. Selon le prospectus, ces projets, dont la dépense était calculée à 225 millions, devaient produire aux actionnaires un intérêt de 40 pour 0/0, le tarif du péage étant d'un franc par distance de 10 mille mètres, pour chaque tonne de mille kilogrammes de marchandises (prix moyen), et pour les voyageurs, de 15 francs par 50 lieues de 4 mille mètres, ou de 0 franc 75 centimes par myriamètre.

Une telle annonce semblait faite pour décourager quiconque ne s'occupait pas d'aussi vastes conceptions, et ne songeait à demander personnellement aucune concession, et, à plus forte raison, une concession de travaux en valeur de 225 millions,

et je dus quelque temps demeurer dans l'hésitation
sur le parti que j'avais à prendre, de poursuivre ou
d'abandonner les projets dont je m'étais occupé.
Mais en examinant attentivement celui dont je viens
de parler, et que son auteur lui-même a qualifié de
gigantesque, je vis que dans le calcul des produits
il annonçait ne point compter sur les marchandises
qui peuvent être transportées par les canaux et les
rivières, et qu'effectivement il demandait un tarif
tel qu'il ne pourrait pas y soutenir la concurrence;
tandis que mon but était principalement de substituer au mode actuel des transports par eau un
système qui pût le remplacer avantageusement,
sans augmenter, et même en diminuant la dépense
qu'il occasione. — Je vis par le contraste des deux
mémoires de M. Blum, au sujet de la direction du
chemin, que son projet n'étant formé que sur la
carte, ses estimations n'étaient qu'un aperçu qui
pourrait bien manquer d'exactitude, puisque la
dépense varie tellement, selon la disposition des
lieux, que sur le chemin de St.-Étienne à Lyon,
par exemple, ce que M. Blum évalue à 97 francs s'est
élevé à 300 francs, dépense qui aurait dû être à peu
près la même sur le chemin de Liverpool à Manchester, suivant le devis de son exécution, et qui,
d'après un article de la revue encyclopédique d'oc-
tobre 1832, s'y est élevé à 413 francs; et l'annonce que contenait son prospectus d'intérêts de
40 pour cent qui devaient être obtenus par son
chemin, paraissait d'autant plus étonnante que,
dans le moment même où il le publiait, on lisait

2.

dans un mémoire de M. Perdonnet, qu'une compagnie ne pourrait exécuter le chemin de Paris à
Lyon qu'avec *encouragemens* de la part du gouvernement (1). Mais entre deux opinions si divergen-
tes, il peut y avoir un juste-milieu, et ce serait, je
crois, le résultat de mon projet. Je vis aussi qu'en
choisissant, pour franchir la chaîne des montagnes, le point où elle est connue pour avoir le
plus de hauteur, et en s'écartant après cela du
bassin de la Saône, M. Blum devait avoir nécessairement des pentes fortes et de nombreuses
contre-pentes, qui ne lui permettraient pas d'obtenir
pour ses transports cette vitesse de vingt mille mètres
à l'heure, sur laquelle il a basé le calcul de ses recettes; que d'ailleurs la ligne de son projet entre
Paris et Lyon serait plus longue d'environ cent
mille mètres qu'en suivant la vallée de la Seine,
et qu'un tarif d'un franc par myriamètre, pour le
transport d'une tonne de marchandises, se rapproche
tellement, dans bien des lieux, du prix auquel il
est possible d'obtenir les transports par voiture,
qu'il serait loin d'offrir au commerce tout l'avantage
que promettait le prospectus.

Il me parut, d'après cela, que si moi-même, par
une ligne plus courte de dix myriamètres, je pouvais
ne demander qu'un tarif de o fr. 35 centimes,
au lieu de celui d'un franc, et cependant assurer
aux actionnaires un intérêt de leurs fonds, non pas à

(1) Mémoire inséré dans le Recueil de l'association polytechni-
que de juillet 1832, pag. 30.

la vérité de 40 pour cent, mais de 10, avec la garantie qu'ils n'auraient à redouter l'effet d'aucune concurrence, le projet que je proposerais devrait mériter d'être accueilli. Je vis de plus que celui de M. Blum, qui annonçait l'intention d'embrasser dans sa vaste spéculation tous les points sur lesquels d'autres avaient déjà porté leurs vues, n'empêchait pas néanmoins de se former, sur les lignes mêmes qu'il indiquait, des compagnies particulières pour le chemin de Lyon à Marseille, pour le chemin latéral de la Loire, pour celui de Gray à Saint-Dizier, et pour celui de Paris au Hâvre ; et je pensai qu'il pourrait en être de même pour celui que je projetais entre Paris et Lyon, par les villes de Dijon et Troyes, s'il était jugé de nature à répondre à mes espérances. Pour ce qui est de la communication entre Lyon et Paris par un chemin de même nature, établi dans la vallée de la Loire, il me sembla dès le premier abord que sa concurrence ne devait pas être à craindre, vu qu'indépendamment d'un trajet d'une plus grande longueur, ce projet devait offrir l'inconvénient majeur d'avoir à traverser deux grandes chaînes de montagnes, pour passer du bassin du Rhône dans celui de la Loire, et du bassin de la Loire dans celui de la Seine, tandis que naturellement, entre le Rhône et la Seine, on ne voit qu'une seule montagne à franchir. Je savais de plus que le projet de canal latéral de la Loire avait offert de grandes difficultés, dont quelques-unes devaient se retrouver dans l'exécution du chemin de fer ; je voyais que le pays à traverser était en majeure par-

tie granitique, et devait ainsi exiger plus de dépenses que le terrain calcaire des vallées de la Seine
et de la Saône, et dès-lors un plus fort péage. Il
me parut constant que le chemin dont je m'occupais,
dans ces deux dernières vallées, devait offrir de bien
plus grands avantages, et au commerce en général, et
à une compagnie qui en voudrait former l'entreprise.

Enfin, j'avais pu balancer quelque temps à faire
cette proposition d'un chemin de fer ayant le même
but que celui pour lequel avait été établi le canal de
Bourgogne, c'est-à-dire la grande communication
de Paris au midi de la France; mais ici toute hésitation, par considération du canal de Bourgogne,
devenait évidemment superflue, car quelque part
que s'exécute un chemin de fer, soit dans la vallée
de la Loire, soit dans celles de la Marne, de
l'Yonne ou de la Seine, s'il établit la communication
entre Paris et Marseille, il attirera nécessairement
la majeure partie des transports sur lesquels on avait
dû compter lors de la formation des projets du canal
de Bourgogne. Lors même, en effet, que dans les premiers temps les tarifs du prix des transports seraient
tels qu'il y eût toujours avantage à naviguer sur les
canaux et les rivières, les compagnies ne tarderaient
pas à reconnaître qu'elles auraient intérêt à baisser
le taux de ces tarifs pour attirer à leurs chemins tous
les transports qui se font par d'autres voies.

Il est à considérer, d'autre part, que si le chemin
de Paris à Lyon n'existait que par la vallée de la
Loire, les départemens de Saône-et-Loire, de la
Côte-d'Or et de l'Aube, se verraient bientôt privés

de tout le transit qui y a lieu actuellement; la ville de Lyon elle-même se trouverait privée de celui de tout ce qui part de Paris pour Marseille, et de tout ce qui part de Marseille pour Paris ou les départemens voisins, puisque les marchandises et tous les voyageurs ayant ces destinations joindraient ou quitteraient le Rhône à Givors.

Il importe donc beaucoup, et à la ville de Lyon, et aux trois départemens précités, que le chemin s'exécute dans la direction où je l'ai projeté, tandis que sa position peut être indifférente au gouvernement. Je dis indifférente en ce qui a rapport au canal de Bourgogne; mais pour ce qui est de l'intérêt général du commerce, le gouvernement doit désirer la communication la plus prompte et la moins dispendieuse, et c'est ce qui résulterait du projet par la vallée de la Seine et de la Saône.

Voyant par ces considérations que ni le projet du chemin par la vallée de la Loire, ni ceux qui ont été proposés par M. Blum, ne devaient me détourner de celui que j'avais formé, je n'ai cependant encore voulu le proposer qu'après avoir parcouru le chemin en construction de Lyon à Roanne par Andrézieux, qui ferait, ainsi que je l'ai déjà dit, partie de celui de Paris à Lyon par la vallée de la Loire, chemin d'ailleurs intéressant sous le rapport de l'art, puisqu'on y voit de grandes difficultés vaincues et trois systèmes de construction différens, dont on peut comparer les avantages et les inconvéniens.

L'examen attentif que j'ai fait de ce chemin

n'a pu que confirmer ma première opinion et me donner la conviction intime que celui que je projetais, en traversant les montagnes de la Côte-d'Or, aurait sur celui de la Loire des avantages si grands (pour la communication de Paris à Lyon) qu'il ne pourrait en aucun cas en redouter la concurrence : mais les deux chemins peuvent très-bien prospérer simultanément, car celui de la Loire, ouvrant la communication de Marseille et Lyon avec les départemens de l'Ouest et avec le port de Nantes, recevra par cela seul suffisamment de marchandises pour qu'à l'aide du tarif plus élevé qui y subsistera facilement, il puisse former une entreprise également utile, et à la compagnie qui l'exécutera, et au commerce en général, et à l'état sous le point de vue militaire ; mais il doit renoncer aux transports qui auront lieu entre Lyon et Paris, car ils y seraient nécessairement plus chers et moins rapides que sur le chemin par Dijon.

La partie faite de Lyon à Roanne offre notamment entre Rive-de-Giers et Saint-Etienne une longueur de plus de 20,000 mètres, à laquelle on a été forcé, par la situation des lieux, de donner une pente d'environ quatorze millimètres par mètre, pente qui exige de grandes précautions pour que les convois descendans ne soient pas entraînés par le seul effet de la gravité, et qui ne permet aux convois montans de marcher qu'avec peu de vitesse.

La destination primitive de ce chemin, qui n'était projeté que pour aller de Lyon à Saint-Etienne, et d'après laquelle presque tous les trans-

ports devaient se faire en descendant, a pu permettre de l'établir ainsi; mais il offrirait un grand
obstacle à une communication également active dans
les deux sens, telle qu'elle doit être entre Paris
et Marseille, d'autant plus que sur la même partie,
où la pente est si forte, on rencontre un percé de
la longueur de 1500 mètres, ouvert dans une roche
granitique, et dans lequel le chemin ne peut être
qu'à une seule voie.

Plus loin, de St.-Etienne à Roanne, on n'aura
pas de souterrains; mais on y rencontrera beaucoup de contre-pentes et de nombreux plans inclinés, sur lesquels la pente sera de quarante à
cinquante millimètres par mètre, et dont le passage
ne pourra se faire qu'à l'aide de machines fixes,
placées au sommet, et qui tireront les convois
par le moyen d'énormes cables. On conçoit aisément combien un tel système doit nuire à la rapidité des communications, et pour les voyageurs,
et pour les marchandises, et que les causes qui
rendent les accidens possibles y seront nécessairement plus nombreuses (1).

---

(1) Un bien simple calcul suffira pour faire apprécier l'effet
des différentes pentes sur un chemin de fer. Nous partirons seulement des données fournies par les auteurs anglais, par suite de
leurs nombreuses expériences, résultats sur lesquels on paraît
bien d'accord, et qui, pour leur simplicité, doivent être admis
dans la pratique, sans chercher s'ils ne pourraient pas varier d'un
ou de deux centièmes.

1° Que la traction que peut opérer sur un chemin de niveau
une machine locomotive à vapeur, quelle que soit sa force, avant

La direction que je propose n'offre aucun de ces inconvéniens; on n'y trouvera nulle part, si ce n'est peut-être dans le souterrain, de pente plus forte que cinq millimètres par mètre, pente dont on peut juger l'effet, en sachant qu'elle est un peu

---

que ses roues ne glissent sur les rails, est égale au 25° de son poids, ou 40 millièmes.

2° Que la résistance provenant du frottement des waggons, tant par l'effet des essieux dans les boîtes, que par celui des roues sur les rails, est égale au 200°, ou à 5 millièmes du poids total (le diamètre des essieux étant, suivant l'usage, 1/12e de celui des roues).

Une première déduction de ces données est que, sur un chemin de niveau, un convoi traîné par une machine locomotive pourra toujours céder à son effort, tant que le poids total, compris celui de la machine, n'excédera pas huit fois celui de ladite machine, puisque, le mouvement étant supposé dans l'état d'uniformité, et les roues de la machine au moment où elles sont prêtes à glisser, nommant M la machine et C le convoi, on doit avoir $\frac{40 M}{1000} = \frac{5 C}{1000}$ ou 8M=C.

Si, lorsque le chemin est en pente, on voulait appliquer rigoureusement les principes de la mécanique, pour déterminer les forces capables de tirer les convois sur les rails diversement inclinés, il faudrait, pour chaque pente, calculer d'abord la longueur du plan incliné correspondant à un mètre de base; mais pour des angles aussi aigus, on peut, sans crainte d'erreur appréciable, prendre le plan lui-même pour la base; et alors, de ce principe *que la force qui soutient le poids parallèlement à un plan incliné, est à ce poids comme la hauteur du plan est à sa longueur,* on déduit que pour chaque millimètre de pente en montant, l'effort à vaincre par la machine locomotive, indépendamment des frottemens, est égal au millième du poids total, comprenant machine, waggons et charge.

Ainsi, pour une pente de cinq millimètres, l'effort à vaincre par l'effet de cette pente sera égal à 5 millièmes, ou au 200e du

moindre que celle qui existe sur le chemin de Lyon à Roanne, entre Givors et Rive-de-Giers, où les transports se font encore avec facilité en montant, en diminuant un peu de leur vitesse.

La pente de cinq millimètres irait en diminuant

---

poids total, et par conséquent égal à l'effort nécessaire pour tirer le convoi en plaine; de sorte que la résistance totale, éprouvée par la machine, sera double de son effort en plaine.

Pour chaque accroissement de cinq millimètres dans la pente, cet effort augmentera d'une quantité semblable; de sorte qu'il sera double avec la pente de 5, triple avec celle de 10, quadruple avec celle de 15, décuple avec celle de 45 millimètres, etc.

Il est bien à noter que ce n'est point là un principe, et que ces rapports changeraient si la résistance du frottement des waggons était ou plus grande, ou plus faible.

En cherchant toujours, dans la même hypothèse du frottement égal au 200ᵉ, quel poids la machine peut tirer (sans compter le sien) sur ces différentes pentes, on formera le tableau suivant :

Inclinaison des rails.	Rapport du poids traîné à celui de la machine.
0 millimètre ou niveau.	7 fois.
5 idem.	3 id.
10 idem.	1 id. 2/3.
15 idem.	1 id. poids égal.
20 idem.	3/5.
25 idém.	1/3.
30 idem.	1/7.
35 idem.	0 id.

Ainsi, sous l'inclinaison de 35 millimètres par mètre, la machine pourra encore monter, mais sans rien conduire avec elle, pas même son train d'approvisionnement qui doit être compté dans le poids du convoi.

On peut juger par là que sur un chemin où il existe des pentes que l'on veut franchir avec les machines locomotives, il faut, pour n'être pas obligé d'abandonner une partie des convois, que le poids de ceux-ci soit calculé en raison du poids de la machine,

progressivement de chaque côté du point de partage, d'une part jusqu'à la vallée de la Seine, et d'autre part jusqu'à la Saône; en approchant de ces rivières, la pente ne serait plus que de deux millimètres par mètre, et dans les vallées de la

---

de manière qu'elle puisse les traîner sur la plus grande inclinaison des rails. Il est vrai que l'on peut augmenter le frottement de la machine en la chargeant de poids additionnels : alors, si elle est disposée pour conserver toute sa force, en diminuant sa vitesse, elle pourra, jusqu'à une certaine limite, augmenter son effort; mais les rails ne peuvent pas supporter une pression indéfinie, et le poids de 15 tonnes paraît être le plus grand qu'on puisse leur faire porter sur un même chariot. C'est donc d'après ce maximum que l'on doit calculer la charge des convois.

Les machines locomotives que j'ai vues employées en France ne peuvent pas, lorsqu'elles ont à manœuvrer sur des chemins inclinés, en montant, augmenter leurs efforts de traction autrement qu'en augmentant la tension de la vapeur, ce qui peut être une cause d'accidens. Il est cependant facile de les disposer de manière à donner différens degrés de vitesse aux roues sans changer celle des pistons; et alors, en conservant toujours la même tension de vapeur et sa même consommation, d'augmenter ou de diminuer l'effort de traction, en raison inverse des variations dans la vitesse. En employant ce moyen, et réduisant la vitesse à moitié, l'effort de traction serait double; c'est ce qui conviendrait pour l'inclinaison de 5 millimètres par mètre : mais pour cela, il faudrait que le poids du convoi ne fût que la moitié de ce que la machine peut tirer sur le chemin de niveau, en la supposant chargée de ses poids additionnels, pour la porter à 15 tonnes.

Si la machine était fixe et de même force, elle remonterait les convois sous toutes inclinaisons; mais avec des vitesses qui, pour les inclinaisons de 5, 10, 15, 20, etc., millimètres, seraient 1/2, 1/3, 1/4, 1/5, etc., de la vitesse que la même machine imprimerait au convoi sur le chemin de niveau; ou, si l'on voulait que la vitesse restât la même, il faudrait que les

Saône et de la Seine, elle ne serait plus à peine
que d'un quart de millimètre, pente absolument
insensible, et qui permet aux convois, mus par
le même effort, de parcourir le chemin avec la
même vitesse, en montant et en descendant.

---

machines fussent 2, 3, 4, 5 fois, etc., plus fortes. Ainsi, pour
l'inclinaison de 45 millimètres, il faudrait une machine de la
force de cent chevaux pour imprimer au convoi la même vitesse
que la machine de 10 chevaux peut lui procurer dans la plaine.

Supposons maintenant que le transport soit fait à l'aide de
chevaux :

On a vu que chaque cheval, de force moyenne, peut traîner 8
tonnes en plaine, avec une vitesse de 4,000 mètres à l'heure, et il
exerce un effort du 200ᵉ, ou de 40 kilogrammes. Pour monter
les mêmes 8 tonnes sur les rails inclinés, l'effort deviendrait
pour la pente 5, 10, 15, 20, 25, 30, 35 millimètres, 80, 120,
160, 200, 240, 280, 320 kilogrammes.

Il faudrait donc ajouter un cheval pour chaque accroissement
de pente de 5 millimètres, ou réduire la charge, de manière que
le cheval n'eût plus à tirer que 4 tonnes 2/3, 2 tonnes 1/3,
2 tonnes, 1 tonne 3/5, 1 tonne 1/3, 1 tonne 1/7 ; enfin, une
tonne à 35 millimètres, c'est-à-dire qu'alors il ne tirerait
guère plus qu'il ne fait sur une bonne route ordinaire. Entre
Givors et Rive-de-Giers, j'ai vu un cheval monter 5 waggons
vides, ou environ 5 tonnes, sur la pente de 5 millimètres 1/2,
avec une vitesse de 3,800 mètres à l'heure ; son effort devait être
alors de 63 kilogrammes : ce cheval, qui cependant était fort,
dès la moitié de la route était couvert de sueur. On ne devrait
pas leur faire tirer plus de 4 waggons.

Nous pouvons aussi conclure de ce qui précède que sur la
même pente de 5 millimètres, qui exige une force double en
montant, le convoi descendant doit marcher seul sans effort,
puisque la gravité lui donne autant de force pour descendre que
le frottement produit de résistance, et c'est ce que confirme l'expérience sur le chemin de Rive-de-Giers à Givors, où la pente

J'ai dit que, peut-être, dans le souterrain, la pente serait plus forte que cinq millimètres par mètre; elle peut aussi être plus faible, et telle est ma persuasion : mais le profil exact de la montagne n'a pas pu être fait, la mauvaise saison et une indisposition grave m'en ayant empêché. Au surplus, lors même que sur ce point, le seul de toute la ligne, on serait obligé d'avoir recours à un plan incliné, on trouverait moyen de le passer sans avoir besoin d'employer une machine fixe à vapeur. Le plateau de la montagne que l'on doit traverser est élevé d'environ 120 mètres au-dessus du point où sera la galerie, la montagne y est nue; il y a un moulin à vent, et l'on peut y en établir d'autres; il y a aussi des eaux pérennes que l'on peut élever à l'aide de ces moulins à vent dans un vaste réservoir duquel cette eau, agissant par le moyen d'une machine à colonne, imprimerait le mouvement au tambour, qui porterait le câble pour tirer le convoi; on peut ainsi se procurer telle force qui sera nécessaire, et un seul robinet à tourner suffirait pour manœuvrer le tambour dans l'un ou l'autre sens. Il n'y aurait

---

étant entre 5 et 6 millimètres, les convois descendent seuls, dès qu'ils ont reçu la plus légère impulsion, et où leur vitesse tend légèrement à s'accroître si elle n'est pas modérée par les freins.

Une inclinaison plus forte peut rendre la descente dangereuse; et l'on doit regarder cette pente de 5 millimètres comme étant la limite qu'il convient de ne pas dépasser, quand il y a possibilité de le faire, lorsque l'on veut employer les machines locomotives.

donc aucun excès de dépense pour le passage de ce souterrain, et la vitesse y serait peu ralentie (1). Convaincu, par tous ces motifs, de la préférence qui doit être accordée à la direction que je propose sur toutes celles où il y aurait possibilité d'établir aussi un chemin de fer pour former la communication de Paris à Marseille ; et bien que le temps ne m'ait pas permis de compléter entièrement, ainsi que je l'aurais désiré, les études de ce projet, faites seulement sur les points les plus importans ; voyant qu'il doit nécessairement être pris une décision sur l'adoption d'un projet de chemin entre Paris et Lyon, je ne crois pas devoir différer plus long-temps, et dans l'intérêt général, et dans l'intérêt particulier du département de la Côte-d'Or, d'appeler sur cet important objet l'attention du gou-

---

(1) Supposons que la hauteur du plan incliné soit égale au 10ᵉ de celle de la montagne : il faudra, pour faire monter le convoi, un volume d'eau égal au 5ᵉ de son poids ; et comme je suppose le poids total des convois égal à 60 tonnes, il faudra dépenser 12 tonnes d'eau pour chacun d'eux.

Le nombre des convois pourra être de 40 par jour ; la dépense d'eau de chaque jour pourra donc être de 500 tonnes. Un réservoir de 100 mètres au carré et de 2 mètres de profondeur en contiendrait 20,000. — Chaque moulin à vent, de la force moyenne de quatre chevaux, pourrait élever sur le plateau 100 tonnes d'eau par jour, en la prenant dans un bassin situé un peu au-dessous de l'origine du plan incliné qui recevrait et l'eau qui aurait fait tourner la machine, et celle de la source voisine pour réparer les pertes.

Il serait établi 10 de ces machines, dont 5 pour le service journalier, et 5 pour compensation des jours où le vent manquerait.

vernement et des capitalistes disposés à employer leurs fonds dans les entreprises industrielles, et je vais présenter sommairement mes évaluations, et des dépenses à faire, et des recettes à espérer par le projet que je propose, en supposant le tarif pour le transport des marchandises, de o fr. 35 cent. par tonne pour chaque myriamètre de distance, et pour les voyageurs, de o fr. 35 cent. également pour la même distance, par les voitures accélérées mues par des machines spéciales, et de o fr. 2o cent. seulement par les chars à la suite des convois de marchandises (1).

CHAPITRE II.

Évaluation des dépenses à faire, soit pour l'exécution du chemin de fer à double voie, entre Paris et Lyon, par Troyes et Dijon, soit annuellement pour le service dudit chemin, et des recettes qu'il pourra produire.

Nota. Les études préliminaires du projet n'ayant encore été faites que sur la partie comprise entre Lyon et Troyes, on établira d'abord, pour cette partie seulement, le calcul détaillé de la dépense ;

(1) Ces tarifs, dans le projet de M. Blum, sont de 1 fr. pour les marchandises, et de o fr. 75 cent. pour les voyageurs sans distinction.

et, en évaluant proportionnellement celle qui aurait lieu entre Paris et Troyes, on sera sans doute au-dessus de la réalité.

DÉTAIL

DE LA DÉPENSE D'UN MÈTRE DE LONGUEUR DE CHEMIN DE FER ORDINAIRE, A DOUBLE VOIE.

On comprend dans la classe des chemins ordinaires toutes les parties où les terrassemens, en déblais ou remblais, n'excéderont pas un mètre de hauteur moyenne.

———

Le cube moyen des terrassemens sera d'environ six mètres, lesquels, à 0 f. 50 c., valent.........	3 f. 00 c.
Six dés en pierre brute, compris la mise en place et l'ajustement des coussinets (ou chairs), à 3 f. (1).	18 00
Six coussinets en fonte, du poids chacun de 4 kil., ensemble 24 kil., à 0 f. 35 c....................	8 40
Quatre mètres de longueur de rails en fer laminé, du poids ensemble de 54 kil., à 0 f. 50 c.........	27 00
Empierrement de deux voies un quart de mètre cube de pierres cassées ou graviers, au prix moyen de 4 fr...	1 00
Valeur moyenne de l'indemnité pour 10 centiares de terrain, à 0 f. 50 c. (2)....................	5 00
Faux frais divers.........................	2 60
TOTAL par mètre de longueur........	65 f. 00 c.

———

(1) Ce nombre est plus grand de moitié que celui qui est indiqué dans le projet présenté par M. Blum, et que ce qui existe sur le chemin de Lyon à Saint-Étienne, où l'expérience a fait voir qu'il convient de rapprocher ces dés.

(2) La somme indiquée pour indemnités de terrain suppose que le prix moyen de l'hectare sera de 5,000 fr. Il y a bien des lieux où passerait le chemin, où le terrain ne vaut pas la 10ᵉ partie de ce prix, qui est triple au moins de la valeur moyenne de ceux qu'il faudrait acquérir. J'ai voulu le porter ainsi pour pouvoir satisfaire à toutes les convenances, et l'attente de la loi présentée, relativement à ces indemnités, ne peut pas permettre de craindre que cette évaluation soit trop faible.

La longueur approximative du chemin, depuis Troyes jusqu'à l'entrée de Lyon, sera d'environ 380,000 mètres; je la supposerai de 400,000, pour être plutôt au-dessus qu'au-dessous dans l'estimation de la dépense. Les 400,000 mètres de chemin ordinaire, à raison de 65 fr. par mètre, vaudront..   fr.
26,000,000

Il faudrait approximativement, pour chaque myriamètre de longueur, quatre points de station qui exigeraient une troisième voie parallèle aux deux premières, sur la longueur de 125 mètres; ce qui, pour la totalité du chemin, formerait une augmentation de 20,000 mètres de chemin simple, lesquels, à 33 fr., valent.............................. 660,000

(1) Ponts à construire sur la Saône, le Doubs, la Seille, et quelques autres rivières moins grandes... 800,000

Indépendamment de ces ponts, on peut évaluer que sur chaque myriamètre du chemin il se rencontrera deux ruisseaux ou petites rivières à traverser, qui exigeront des ponceaux, que l'on porte au prix moyen de 2,500 fr., et pour le nombre total de quatre-vingts.............................. 200,000

Il sera nécessaire d'avoir en outre un grand nombre d'aqueducs pour l'écoulement des eaux pluviales; on les suppose au nombre de vingt-cinq par myriamètre, ou de mille pour la totalité du chemin, au prix moyen de 200 fr........................ 200,000

Le passage du chemin dans le voisinage d'assez nombreuses usines qui occupent le fond de la vallée,

A reporter.... 27,860,000

---

(1) Il serait possible que la dépense du pont de Saint-Jean-de-Losne se fît en commun avec l'administration des ponts et chaussées; elle a besoin d'établir des ouvrages quelconques pour procurer aux bateaux la possibilité de passer, dans tous les temps, du canal de Bourgogne dans celui du Doubs. J'avais compris ce passage dans mon projet de canal de dérivation de la Saône, et je proposais, pour Saint-Jean-de-Losne, un barrage mobile, en aval de l'écluse d'embouchure du canal de Bourgogne : sur ce barrage devait être un pont de service. Si ce système était encore adopté, le pont du barrage pourrait servir au chemin de fer, qui paierait une partie de la dépense : dans le cas contraire, le pont du chemin de fer serait en amont de Saint-Jean-de-Losne.

Report...... 27,860,000

exigera dans ces parties divers travaux extraordinaires; et bien que l'avantage immense que ces usines retireront de la proximité du chemin doive faire présumer qu'elles disposeront elles-mêmes ce qui conviendra pour le recevoir, je porterai néanmoins pour cet objet une somme à valoir de........... 300,000

La nécessité de développer les courbes sur un très-grand rayon qui, à moins d'exceptions fort rares, ne sera pas moindre de 500 mètres, exigera en divers points des terrassemens extraordinaires en déblais ou en remblais. Ayant examiné avec soin, en divers lieux, combien il pourrait en falloir sur une longueur de chemin d'un myriamètre, j'ai reconnu que l'on pouvait admettre que ces travaux extraordinaires existeraient sur un dixième de la longueur totale, et que le cube moyen des terrassemens pourrait être de 30 mètres cubes par mètre de longueur, ce qui, à raison de 1 f. 50 c. par mètre, prix moyen de ces terrassemens, produirait une dépense de 45,000 f. par myriamètre, et pour les quarante (1)........ 1,800,000

Il y aurait, indépendamment de ces terrassemens extraordinaires, plusieurs tranchées en terre ou graviers, dont deux d'environ 800 mètres de longueur. On évalue le cube des déblais qui en proviendront au total de 800,000 mètres, à 1 f. 50 c...... 1,200,000

On aura aussi divers escarpemens en roche calcaire, évalués à 200,000 mètres cubes, à 3 f........... 600,000

Aux approches de Lyon, 40,000 mètres cubes environ d'escarpemens de roche granitique, à 5 fr. par mètre cube.......................... 200,000

Au point de partage, un souterrain en roche cal-

A reporter.... 31,960,000

(1) Si le procédé présenté par M. Laignel à la société d'encouragement pour faciliter le mouvement sur les courbes d'un petit rayon, procédé qui a fait accorder à son auteur la médaille d'or de la société, obtient du succès dans ses applications en grand, cet article de la dépense pourrait être beaucoup diminué.

3

Report...... 31,960,000

caire tendre, de la longueur d'environ 1500 mètres, évalué à 400 f. par mètre, et accompagné de deux tranchées, partie en terre et partie en roche, de 500 mètres environ de longueur de chaque côté du souterrain, évalués à 200 f. par mètre : ce qui produira une dépense totale de........................ 800,000

Indemnité pour bâtimens à démolir.

On évitera autant que possible de toucher à des propriétés bâties ; cependant il convient de porter pour cet objet une somme de 300,000

TOTAL de la dépense à faire pour l'exécution du chemin de Lyon à Troyes. 33,060,000

La distance de Paris à Troyes, suivant le cours de la Seine, est à très-peu de chose près la moitié de celle de Troyes à Lyon, et peut être comptée pour 200,000 mètres ; la dépense à y faire pour le chemin serait donc, approximativement, moitié de 33,060,000 16,530,000

Ce qui porte la dépense totale pour le chemin, entre Paris et Lyon, à........................ 49,590,000

DÉPENSES ACCESSOIRES.

Acquisition de waggons (1).

Le transport moyen étant calculé sur cinq cent mille tonnes de marchandises, ou environ quinze cents tonnes par jour, chaque waggon pouvant porter trois

A reporter.... 49,590,000

---

(1) MM. Blum, dans leur estimation, n'évaluent qu'à 2,000 le nombre de waggons nécessaires pour l'ensemble du chemin de leur projet, dont la longueur est presque triple du mien ; mais ils calculent sur un transport moyen d'environ 225,000 tonnes seulement, au lieu de 500,000 tonnes, et sur une vitesse de 300,000 mètres par jour, tandis que je ne la suppose dans mon projet que de 150,000 mètres pour le transport des marchandises, et 300,000 mètres pour les voyageurs.

Report...... 49,590,000

tonnes, et le trajet de Paris à Lyon étant supposé de quatre jours, il devra y avoir constamment deux mille waggons sur le chemin : on doit en supposer en outre cinq cents en chargement, et cinq cents en réparation ou réserve. Ce qui porte à trois mille le nombre de waggons nécessaires ; lesquels, à 600 f., valent. 1,800,000

Acquisition de machines locomotives (1).

La quantité moyenne des waggons conduits par chaque machine locomotive étant supposée de douze, il y aura constamment cent soixante-dix machines sur le chemin, pour le transport des marchandises ; et, ayant égard à celles qui devront toujours être prêtes en magasin ou en réparation, on estime qu'il faudra en acquérir deux cents, lesquelles, à 20,000 f., vaudront............................. 4,000,000

Etablissement de quinze grandes voitures composées chacune de cinq parties à vingt places, mues par une machine locomotive, à 30,000 fr. chacune. 450,000

Etablissement de cinquante voitures, dites à volonté, disposées pour marcher à la suite, ou des convois des autres voyageurs, ou des convois de marchandises, et pouvant s'arrêter et séjourner aux différens relais............................. 200,000

Etablissement de chars-à-bancs, qui marcheraient à la suite des convois de marchandises......... 50,000

Etablissement d'un atelier pour la réparation et le remplacement des machines et waggons.......... 500,000

A reporter.... 56,590,000

---

(1) C'est, en premier lieu, par une raison pareille à celle qui a déterminé dans mon projet un plus grand nombre de waggons, que j'y porte également plus de machines locomotives que MM. Blum pour l'ensemble entier de leurs chemins, et de plus, parce que MM. Blum ont attribué à leurs machines un effet beaucoup plus grand que celui qu'elles peuvent produire.

fr.

Report...... 56,590,000

Grands bureaux à Paris, Lyon, Troyes, Dijon et Châlon................................... 300,000

Trente bureaux intermédiaires avec magasins, emplacemens pour dépôts, réservoirs d'eau, grues à manège et ponts pour les chargemens, cheval et écurie, au prix moyen de 30,000 fr............ 900,000

Trente relais intermédiaires avec réservoir d'eau, un petit magasin, et logement de garde cantonnier, à 7,000 fr.................................. 210,000

Sommes à valoir pour faux frais divers, comprenant toutes dépenses pour parvenir à former la société, et obtenir la concession, et pour la rédaction définitive des projets, et la direction des travaux. 2,000,000

TOTAL de l'évaluation de la dépense du chemin de Paris à Troyes............................ 60,000,000

DÉPENSES DE L'EMBRANCHEMENT DE SAINT-JEAN-DE-LOSNE A GRAY.

L'existence de cet embranchement est une nécessité pour le chemin de Paris à Lyon, auquel il doit apporter beaucoup de marchandises et de voyageurs venant de Gray; sa longueur sera d'environ 55 mille mètres; il suffira que le chemin y soit à une seule voie, vu que les convois partis le matin de Gray y reviendront dans la même journée, et conduits par la même machine: néanmoins les dispositions devront être faites pour qu'il puisse recevoir dans la suite une seconde voie de rails, ce qui serait nécessaire si le chemin se prolongeait en amont pour gagner l'une des vallées de la Meuse, de la Moselle, ou de la Marne; et il est très-possible que cela ait lieu pour toutes les trois.

D'après les calculs qui ont été présentés ci-dessus, pour le chemin à double voie, on trouvera que la dépense du même chemin, en supprimant une voie de rails, serait de 36 fr. par mètre, ce qui, pour 55 mille mètres, formerait la somme de... 1,980,000

A reporter.... 1,980,000

Report...... 1,980,000

Il faudrait en outre pour stations ou changemens de direction 3 mille mètres de longueur d'une deuxième voie, lesquels, à 29 fr., vaudraient.... 87,000

Pont à construire sur l'Ognon............. 60,000

Vingt-quatre ponts et ponceaux, sur quelques petits affluens de la Saône, à 2500, prix moyen.. 60,000

Cent-cinquante aqueducs pour l'écoulement des eaux pluviales, à 200 fr.................... 30,000

Cinq mille mètres cubes, environ, d'escarpement de roches calcaires, à 3 fr................... 15,000

Déblais ou Remblais extraordinaires.

Environ 220 mille mètres à 1 fr. 50 c....... 330,000

Indemnité pour bâtimens à démolir.......... 80,000

Etablissement de bureaux, magasins, etc., savoir : un bureau principal à Gray et deux bureaux secondaires à Pontailler et à Auxonne........... 90,000

Trois relais intermédiaires, avec logement de cantonniers gardes........................... 15,000

Acquisition de Waggons.

Les transports étant supposés de 150 mille tonnes par année, ou d'environ 4 cents tonnes par jour, et chaque waggon portant trois tonnes, et pouvant aller et revenir dans la même journée, il y aura habituellement soixante-six waggons sur le chemin, et pour que les chargemens puissent se faire en même temps, il en faudra un nombre double, et de plus on doit en avoir en réserve ou en réparation ; il faudra en conséquence en acquérir deux cents, lesquels, à 600 fr., valent........ 120,000

A reporter.... 2,867,000

Report...... 2,867,000

Machines locomotives.

Cinq de ces machines seront occupées chaque jour au transport des waggons; on doit en supposer en outre une en réserve et une en réparation; il en faudra donc sept, qui, à 20,000 fr., valent.. 140,000

Acquisition de quatre voitures pour voyageurs, à 4,000 fr.................................. 16,000

Chars pour être placés à la suite des convois... 10,000

Faux frais divers........................... 167,000

TOTAL de la dépense première de l'embranchement. 3,200,000

Dépense indiquée ci-dessus pour le chemin principal.................................... 60,000,000

Dépenses imprévues......................... 2,800,000

Intérêt des capitaux, pendant l'exécution des travaux (1)............................... 4,000,000

TOTAL général de la dépense première........ 70,000,000

DÉPENSES A FAIRE ANNUELLEMENT.

1° Sur le chemin principal.

Frais d'administration centrale (2)........... 100,000

Dépense des cinq bureaux principaux........ 60,000

Dépense de trente bureaux intermédiaires (3).. 90,000

A reporter.... 250,000

---

(1) En portant à 4,000,000 fr. l'intérêt des capitaux pendant l'exécution des travaux, on croit être au-delà de la réalité, parce que l'on pourra d'abord n'établir le chemin que sur une portion de la longueur et n'y poser qu'une seule voie de rails, et retirer ainsi un produit de la dépense, à mesure qu'elle s'effectuera.

(2) On comprend dans cet article le traitement de cinq administrateurs, un inspecteur, deux contrôleurs, trois ingénieurs, dont un directeur, et les frais des divers bureaux.

(3) Indépendamment du tarif des transports, établi en raison des distances, il sera payé des frais de chargement et de déchargement, qui sont les mêmes pour les distances, grandes et petites, et ne figurent pas dans les dépenses des bureaux de l'administration.

	fr.
Report	250,000

Dépense de l'atelier de réparation, et remplacement des machines et waggons............... 600,000

Dépenses journalières pour cent soixante-dix convois de douze waggons chacun, conduits par les machines locomotives, à 60 fr. par jour pour chaque convoi............................... 3,700,000

Dépense journalière pour les huit convois de voyageurs, mus par les machines locomotives, à 70 fr. par jour pour chacun d'eux............ 220,000

Entretien des divers bâtimens............... 100,000

Entretien ordinaire du chemin, à o f. 50 c. par mètre. 300,000

Salaire des conducteurs et gardes pour la conservation du chemin...................... 60,000

Salaire d'ateliers pour l'enlèvement des neiges.. 30,000

Faux frais divers et dépenses imprévues...... 340,000

TOTAL des dépenses annuelles............... 5,600,000

Somme à mettre annuellement en réserve, pour le remplacement des rails du chemin, lorsqu'ils seront hors de service (1)..................... 1,600,000

TOTAL, compris la réserve pour le chemin de Paris à Lyon.................................... 7,200,000

2° DÉPENSES ANNUELLES.

Sur l'embranchement.

Dépenses administratives pour les trois bureaux.. 25,000

Dépenses à l'atelier des réparations des machines. 36,000

Dépenses journalières pour cinq convois, à 60 fr.. 110,000

A reporter.... 171,000

---

(1) Des rails qui servent depuis trois ans ne présentent pas de signes de détérioration sensible ; ils doivent en éprouver encore moins par suite de la précaution d'augmenter de moitié le nombre des supports, et lorsqu'ils auront besoin d'être remplacés, leur valeur sera encore au moins du tiers de la valeur primitive. La réserve d'un million six cent mille francs, avec les intérêts cumulés, formera donc promptement un fonds plus que suffisant pour le renouvellement qui coûtera de 11 à 12 millions.

	fr.
Report......	171,000
Entretien ordinaire du chemin, à 0 f. 40 c......	22,000
Salaire d'un conducteur et de gardes...........	8,000
Salaire d'ateliers pour l'enlèvement des neiges....	4,000
Faux frais divers et dépenses imprévues........	20,000
Total des dépenses annuelles de l'embranchement.	225,000
Somme à réserver pour le renouvellement des rails (1)................................	75,000
Total, compris la réserve pour l'embranchement de Saint-Jean-de-Losne à Gray................	300,000
Le total ci-dessus pour le chemin principal est de.	7,200,000
Total général de la dépense annuelle pour le chemin principal et l'embranchement.............	7,500,000

Evaluation des recettes probables sur le chemin de Paris à Lyon.

La longueur totale du chemin étant supposée de 600,000 mètres, et le tarif du transport des marchandises de 0 f. 35 c. par tonne de 1000 kilo., pour chaque distance d'un myriamètre, le prix du transport de chaque tonne, pour le voyage entier, sera de 21 fr.

	fr.
La quantité moyenne de marchandises à transporter est évaluée, au minimum, à 500,000 tonnes par année, ce qui produirait une recette de................	10,500,000
On évalue à trois cents le nombre moyen des voya-	
A reporter.....	10,500,000

(1) On ne propose pas une réserve proportionnellement aussi forte que sur le chemin principal, parce que l'embranchement étant supposé moins fatigué, les rails doivent résister plus long-temps.

Report. 10,500,000

geurs qui seront conduits chaque jour par les machines locomotives uniquement destinées à ce service, dont cent-cinquante partant chaque jour de Paris pour Lyon ou les pays intermédiaires, ou de Lyon pour la route de Paris. (Les places prises pour les pays intermédiaires seraient remplies en route par les voyageurs partant de ces mêmes localités.)

D'après le tarif de o f. 35 c. par myriamètre, le prix du voyage par ces voitures serait de 21 fr., et il en résulterait une recette annuelle de.   2,300,000

On évalue à huit partant de Paris, et huit partant de Lyon chaque jour, les voitures à six places demandées à volonté, pour lesquelles le prix du voyage serait de 200 fr., et pour les seize 3200 fr. par jour; ce qui, pour l'année, produirait environ.   1,150,000

Enfin, il serait placé derrière les convois de marchandises des chars-à-bancs sur lesquels le prix du voyage ne serait que de o f. 20 c. par myriamètre, ou de 12 f. pour le voyage entier de Paris à Lyon, et proportionnellement pour les distances intermédiaires. C'est sur-tout dans la vallée de la Seine, en approchant de Paris, et dans celle de la Saône, en approchant de Lyon, que ces voitures seraient occupées. On peut évaluer au nombre moyen de cent, partant de chacune de ces deux villes pour le trajet entier, les voyageurs qui prendraient cette voie : ce qui produirait une recette d'environ.   850,000

TOTAL des recettes présumées sur le chemin principal. 14,800,000

Évaluation des recettes sur l'embranchement de Saint-Jean-de-Losne à Gray.

La distance entre Gray et Saint-Jean-de-Losne étant de 55,000 mètres, et la quantité de marchandises à transporter évaluée à 150,000 tonnes par année, il en résulterait, d'après le tarif du chemin principal, une recette d'environ.   300,000

A reporter.   300,000

		fr.
Report		300,000

On évalue à soixante le nombre des voyageurs qui se rendraient chaque jour par les voitures du chemin de Gray à Saint-Jean-de-Losne, ou de Saint-Jean-de-Losne à Gray, trente de chacune de ces villes (1); ce qui, à raison de 3 fr. par voyage, produirait . . .   65,000

Transport d'un pareil nombre d'autres voyageurs sur les chars-à-bancs, à 1 fr. 50 c.   35,000

TOTAL des recettes présumées sur l'embranchement   400,000

Le total ci-dessus des recettes sur le chemin principal est de 14,800,000

TOTAL GÉNÉRAL des recettes présumées. 15,200,000

La dépense étant de 7,500,000

L'excédant serait 7,700,000

Somme égale à onze pour cent du capital de 70 millions.

Observations générales sur les évaluations précédentes.

Dans l'évaluation des dépenses, j'ai tout porté au maximum de mes appréciations, faites après un examen attentif des points qui offrent le plus de difficultés sur la ligne où devrait être tracé le chemin de fer, et de tout ce que peut exiger, en principal et accessoires, l'établissement d'un chemin de cette nature. Quelques personnes cependant, qui, sans examiner les choses à fond, ne jugeraient que par comparaison avec d'autres chemins existans, ou projetés, pourraient douter des résultats que j'annonce. Le chemin de Saint-Étienne à Lyon,

---

(1) Il ne s'agit pas ici seulement des voyageurs de la ville de Gray, mais bien de ceux qui s'y rendront des départemens voisins, pour aller à Lyon ou à Marseille, et réciproquement.

par exemple, pour une longueur de 57,000 mètres, lorsqu'il sera terminé, avec ses accessoires, aura coûté près de 18,000,000 fr., ce qui porte la dépense moyenne au-delà de 300 fr. par mètre ; tandis que, selon mon projet, elle ne serait que de 100 f. ; et le chemin de Liverpool à Manchester a coûté près de 400 fr. ; mais ce chemin, où l'on comptait sur un transport annuel de plus d'un million de tonnes, a été fait avec le plus grand luxe, et d'ailleurs en Angleterre les mains-d'œuvre sont beaucoup plus chères qu'en France. Il faut également considérer que le chemin de Saint-Étienne à Lyon s'est trouvé presque partout dans les circonstances les plus défavorables, ayant dû être ouvert, en majeure partie, dans un vallon étroit, où l'on a été forcé de le soutenir sur les flancs d'une montagne granitique, et d'y faire de nombreux souterrains, de profondes tranchées et d'énormes remblais, et où la compagnie a dû payer souvent, pour indemnités, des sommes exorbitantes, inconvénient auquel la loi présentée devra nécessairement porter remède, quelles que soient les modifications que la discussion puisse apporter à son projet. C'était déjà une grande idée que d'avoir conçu une entreprise de cette nature, lorsque ce genre de chemin était à peine connu en France ; mais aussi la dépense a dû également être grande.

Mon projet ne trouverait nulle part de semblables difficultés à vaincre.

Pour ce qui est des dépenses annuelles, j'ai supposé qu'il y aura une machine locomotive pour douze waggons ; mais elles devront pouvoir en conduire, au besoin, un plus grand nombre ; les convois devront toujours marcher par couple, et si l'une des machines se dérange, l'autre pourra traîner le tout en diminuant sa vitesse, à moins que ce ne soit dans les fortes montées ; les machines recevront, à cet effet, une disposition particulière, qui permettra de varier la vitesse des roues, sans changer celle des pistons, de manière que, malgré le plus grand effort de la machine, la tension de la vapeur puisse demeurer toujours, à peu de chose près, la même ; ce qui, joint aux précautions d'usage de rondelles fusibles et soupapes de sûreté, devra complètement rassurer contre les craintes d'explosion.

J'ai supposé aussi, pour calculer la dépense, que la vitesse des convois sur le chemin de niveau sera de 10,000 mètres par heure ; il n'en faudrait alors que 15 pour faire le trajet entier, que j'évalue à 150,000 mètres par jour ; mais il y a des retards forcés par les repos aux différens relais, pour y prendre les approvisionnemens, et, dans le même temps, prendre ou laisser quelques voyageurs; il y aura aussi des retards pour les parties où la pente se trouve en montant ; mais il y aura compensation dans les descentes, vu que la vitesse moyenne peut y être doublée sans inconvénient. On peut, d'après cela, prévoir que la durée du trajet sera d'environ dix-huit heures chaque jour. J'aurais pu présenter de bien plus beaux résultats en me basant sur les données

admises par des ingénieurs célèbres, MM. Lamé
et Clapeyron, qui se sont spécialement occupés des
chemins de fer ; alors j'aurais supposé le trajet ef-
fectué en deux jours, et même un jour et demi,
au lieu de quatre, et réduit ainsi de moitié l'évaluation de la dépense des transports ; et en cela
j'aurais agi comme M. Blum qui, ayant eu con-
naissance, ainsi qu'il le déclare, du mémoire (non
encore publié à cette époque) de MM. les ingénieurs précités, porte à 20,000 mètres par heure
la vitesse de ses convois, qui seraient chacun de
vingt waggons, que l'on peut évaluer ensemble
au moins à cinquante tonnes ; MM. Lamé et
Clapeyron ont même supposé la vitesse encore plus
grande. On lit dans un de leurs mémoires :

« Chaque machine locomotive de la force de dix
« chevaux traîne de quarante à cinquante tonnes,
« sans comprendre dans ce poids celui des chariots.»

Et plus loin, après avoir calculé à quatre mille
quatre cent soixante-dix tonnes le poids total d'une
armée de vingt mille hommes d'infanterie, cinq
mille hommes de cavalerie et soixante pièces d'ar-
tillerie, ils ajoutent :

« Cent machines locomotives suffiront donc pour
« imprimer à cette armée une vitesse de six lieues
« (ou 24,000 mètres) à l'heure. »

Les mêmes auteurs, dans un autre mémoire où
ils ont comparé les canaux aux chemins de fer,
supposent encore une plus grande vitesse pour le
transport des marchandises, et s'expriment, à cet
égard, ainsi :

« Sur un chemin de fer construit de manière
« à être servi par machines locomotives, la dé-
« pense n'est pas plus forte que 3 à 5 cent. par
« kilomètre, *pour une vitesse de* 30 à 40,000
« *mètres à l'heure.* »

Remarquons, en passant, que si l'on suppose
dans ce cas le convoi de cinquante tonnes, la dépense, à o f. 5 c. par tonne et par kilomètre, sera
de 2 f. par tonne pour les 40 kilomètres, et de 100 f.
par heure pour le convoi mu par une seule machine. Cela me paraît un peu cher, et je suis aussi,
sous ce rapport, bien loin de m'accorder avec ces
messieurs.

Si leur évaluation est juste pour ce qui concerne
la charge et la vitesse des convois, je suis fortement dans l'erreur; mais je n'aurais pas lieu de
m'en affliger, puisqu'elle tournerait à l'avantage
de mon projet, permettant de diminuer de trois
millions le montant des dépenses annuelles. Mal-
heureusement je dois croire à l'exactitude de mes
aperçus, et je vais le démontrer.

Chaque convoi de cinquante tonnes, composé
d'hommes, de chevaux et de matériel, occupera
au moins vingt waggons; ceux-ci, avec le poids
de la machine et de son char d'approvisionnement, ne pèseront pas moins de quarante tonnes,
ce qui formera un total de quatre-vingt-dix tonnes
avec la charge.

Or, j'ai déjà dit dans ce mémoire que la résistance du frottement sur les chemins de fer est
égale aux deux centièmes du poids total : elle sera

donc ici de 450 kilogrammes (1) ; et la vitesse étant supposée de 24 kilomètres, l'effet produit par la machine pourra se représenter par 450×24, ou 10,800 kilogrammes élevés dans une heure à la distance d'un kilomètre. Il s'agit d'examiner combien ce résultat peut exiger de *forces de cheval*.

Je ne sais s'il y a encore une base bien positive pour fixer ce que l'on appelle ainsi ; les évaluations ont varié entre 90 et 75 kilogrammes, élevés, dans une seconde, à la hauteur d'un mètre ; la dernière est, je crois, la plus généralement adoptée, et dans les machines que je connais, sorties des premiers ateliers de France, je n'en citerais pas une seule qui fournisse effectivement ce résultat pour les nombres de forces indiqués lors de la vente de ces machines ; cependant j'admettrai ici l'évaluation de 90 kilogrammes à un mètre par seconde, ou de 90×3600=324,000 kilogrammes élevés à un mètre en une heure, ou 324 kilo. élevés à un kilomètre ; divisant par ce nombre l'effet total de MM. Lamé et Clapeyron, on obtient 28 ⅓ pour le nombre de forces qu'ils ont supposé de 10.

---

(1) D'après le tableau que j'ai donné dans la note de la p. 23 pour une pente de 5 millimètres que l'on doit au moins supposer sur les chemins, tels que les ont indiqués MM. Lamé et Clapeyron, le poids de la machine devrait être au moins le tiers du poids total des convoi et char d'approvisionnement ; or ce poids total serait ici d'environ 72 tonnes ; le poids de la machine seule devrait donc être de 24 tonnes.

Sous une pression pareille, les rails n'existeraient pas long-temps.

Faisant le même calcul pour la supposition de mon projet, où le convoi de douze waggons chargés chacun de trois tonnes, avec la machine et le char d'approvisionnement, formeront un poids total de soixante-trois tonnes, la résistance à la traction sera égale à un poids de 315 kilogrammes, qui, multipliés par 10, nombre de kilomètres parcourus en une heure, donne, pour expression de l'effet de la machine, 3150 kilogrammes élevés à un kilomètre par heure, effet qui diffère peu de celui de 3240, qui représente dix forces de chevaux, selon le maximum de puissance attribué à cette expression.

J'aurais voulu pouvoir directement observer l'effet d'une machine marchant sur un plan de niveau et sur une distance assez grande pour que le résultat fût certain. Je n'en ai pas eu la faculté; mais on peut apprécier de même l'effet d'une machine montant sur un plan légèrement incliné.

Une machine anglaise, achetée par M. Seguin, pour la force de dix à onze chevaux, et dans laquelle paraissent avoir été adoptés tous les perfectionnemens obtenus par suite du grand concours qui a eu lieu à cet effet, et où l'auteur de cette machine, M. Stephenson, a remporté le prix, remonte de Givors à Rive-de-Giers, dans son travail ordinaire, vingt waggons vides en une heure trois quarts. La distance étant de 16,000 mètres, la vitesse est de 9140 mètres à l'heure. Le poids total des vingt waggons, de la machine et de son char d'approvisionnement, est d'environ trente-deux

tonnes; et, d'après l'inclinaison des rails de 5 millimètres 1/2, la résistance à la traction sera, ainsi
que nous l'avons déjà vu dans ce mémoire,
10 millièmes 1/2 du poids, ou 326 kilogrammes; ce
nombre, multiplié par l'expression de la vitesse de
9140 mètres, donne, pour la puissance de la machine,
3071 kilogrammes élevés à 1 kilomètre par heure,
quantité presque identique avec le résultat de l'évaluation de mon projet pour la machine aussi supposée de dix forces de chevaux. Je suis donc fondé
à croire que cette évaluation est juste, et que
MM. Lamé et Clapeyron ont porté à plus du triple
de ce qu'elle aurait du être la vitesse de leur convoi;
car il est à observer que la force calculée d'après
cette vitesse à vingt-huit chevaux un huitième, l'est
pour le cas où, sur toute la longueur, le chemin serait
de niveau : il faudrait donc une machine de plus de
trente chevaux pour produire l'effet qu'ils annoncent;
mais les rails ne pourraient pas la supporter, et la
force de dix paraît être le maximum qu'il soit convenable d'employer; il faudrait donc diviser le convoi
en cinq parties, et ne donner que dix tonnes à traîner
à chaque machine. Calculant, dans cette hypothèse,
les dix tonnes portées sur quatre waggons, la machine, supposée semblable à celle de M. Seguin, et le
char d'approvisionnement, formeraient un poids
total de vingt-sept tonnes. Sa résistance à la traction serait de 135 kilogrammes; et, d'après la vitesse de 24,000 mètres à l'heure, la puissance de la
machine qui imprimerait cette vitesse serait égale
à 135×24, ou 3240 kilogrammes élevés en une

heure à un kilomètre, quantité qui est exactement la même que l'expression trouvée ci-dessus pour la force de dix chevaux, dans l'hypothèse de l'évaluation la plus haute.

Ce ne seraient donc pas cent machines locomotives, mais cinq cents, qui seraient nécessaires pour traîner l'armée de 25,000 hommes, avec la vitesse de 24,000 mètres à l'heure, sur laquelle MM. Lamé et Clapeyron ont basé leurs calculs.

On trouvera, par les mêmes raisonnemens, qu'une machine de dix chevaux, construite dans le plus léger système, marchant avec une vitesse de 10 mètres par seconde, ou de 36,000 mètres par heure, ne pourrait pas traîner, indépendamment de son char d'approvisionnement, un poids de plus de sept tonnes, compris waggons et charge, en faisant abstraction de la résistance de l'air; mais qu'en ayant égard à cette résistance, que l'on peut négliger pour les vitesses médiocres, mais qui s'accroît comme les carrés de ces vitesses, le poids, tiré par la machine (que l'on suppose opposer au vent une superficie de 2 mètres) ne pourrait plus être que de quatre tonnes, en supposant le temps calme; et, qu'avec un fort vent contraire, il serait impossible à la machine, même seule, de conserver la même vitesse.

Il ne faut donc pas se bercer de ces idées de voir transporter des marchandises avec une vitesse de 40,000 mètres; les chemins de fer n'ont pas besoin d'opérer ces prodiges pour rendre d'inappréciables services.

Il n'est, au surplus, presque aucun genre de marchandises pour lesquelles une pareille vitesse pût être de grande utilité ; il n'en est pas de même des voyageurs, et souvent quelques heures gagnées dans la négociation d'une affaire importante peuvent avoir de grands résultats. Aussi je proposerais d'établir une voiture seulement partant chaque jour de Paris, faisant le trajet de Paris à Lyon en vingt-quatre heures, et de Marseille en quarante heures. La voiture porterait les courriers de commerce et même les courriers extraordinaires du gouvernement, et quelques voyageurs qui, ayant expédié des marchandises, voudraient devancer leur arrivée. Les prix de ces transports devraient être réglés de manière que la machine, ainsi employée, rendît à la compagnie la même somme que les autres machines employées au transport des voyageurs, avec une vitesse qui ne serait que de la moitié : et le taux ne serait pas encore bien élevé. Après avoir fait l'essai d'une de ces voitures, si les demandes étaient suffisantes, on pourrait en augmenter le nombre ; mais ce ne sera jamais pour transporter des marchandises, ainsi que l'ont supposé MM. Lamé et Clapeyron.

J'ai dû m'étendre un peu dans la discussion ci-dessus, concernant les effets annoncés par ces messieurs, vu qu'ingénieurs distingués, et ayant beaucoup écrit sur les chemins de fer, leurs noms, souvent cités, semblaient former autorité, et que mon opinion se trouvant opposée à la leur sur les résultats comparés des chemins de fer et des canaux, il m'importait de faire voir que la leur n'est pas

toujours basée sur des renseignemens certains; mais
il n'importait pas moins d'éclairer le gouvernement
sur l'erreur à laquelle pouvaient le conduire les asser-
tions de ces messieurs sur les résultats que l'on peut
attendre des machines locomotives sous le rapport de
la défense du pays, et de faire voir que si l'on désire
obtenir des résultats qui s'approchent autant que
possible de ce qu'ont annoncé ces messieurs, ce n'est
que par l'adoption de mon système qui, par l'abaissement du tarif des transports, attirant tout sur les
chemins de fer, y fera établir un nombre suffisant
de machines et de waggons pour pouvoir opérer à
volonté les mouvemens les plus grands dans l'armée.

Si, après cela, nous revenons un instant sur le
projet de M. Blum, établi, comme je l'ai déjà dit,
sur les bases posées par MM. Lamé et Clapeyron,
nous verrons qu'il y aurait un fort mécompte dans
le produit de quarante pour cent qu'il annonce,
car il a aussi calculé sa dépense sur l'emploi journalier de cent machines locomotives, et il lui en
faudrait également cinq cents : ce qui devrait nécessairement réduire un peu les dividendes.

J'ai calculé dans mon projet la dépense journalière pour les machines locomotives qui doivent
traîner les convois, dans la supposition qu'il y aura
toujours pour chaque convoi double un ouvrier mé-
canicien, deux aides, trois chauffeurs, et un ma-
nœuvre pour descendre et disposer les parties mou-
vantes des rails, lors des changemens de direction,
et que chaque machine dépensera deux tonnes ou
vingt-quatre hectolitres de charbon : quantité

moyenne entre les différentes consommations indiquées par différens auteurs; et j'ai calculé le prix moyen du charbon, non d'après sa valeur actuelle dans le commerce, mais d'après ce qu'il coûtera réellement à la compagnie, qui en fera elle-même le transport.

Pour former tous les ouvriers nécessaires, dès l'instant où la première machine sera faite, et où l'on aura également exécuté une portion du chemin dans une position convenable, on réunira des ouvriers serruriers intelligens, auxquels on fera successivement conduire et ramener la machine; on la leur fera plusieurs fois démonter et remonter dans toutes ses parties, et la direction d'un convoi ne leur sera confiée que lorsqu'on se sera parfaitement assuré de leur capacité.

La première machine étant bien éprouvée sur une partie en plaine, d'abord avec charge ordinaire, puis avec charge double, pour équivaloir à l'effet d'une montée de cinq millimètres, et remplissant les conditions désirées, restera pour modèle sur lequel on pourra mettre en adjudication la construction de toutes les autres. On a porté leur estimation à 20,000 f.; on a lieu d'espérer qu'elles pourront être à un prix inférieur.

M. Blum ne les a évaluées qu'à 15,000 f., et pense même qu'on pourra les exécuter pour 10,000 f. Je le crois à cet égard-là dans l'erreur, rien ne devant être négligé dans la construction de ces appareils, tant pour la sûreté que pour la conservation des machines; mais le prix pourra toujours être un peu au-dessous de 20,000 fr.

J'ai compris dans la dépense l'établissement d'un atelier pour l'entretien des machines et waggons, évalué à 500,000 fr., et j'ai porté à 600,000 fr. la dépense à y faire annuellement.

Dans une entreprise qui exige un matériel aussi considérable, il est impossible de se passer d'un atelier de réparations; il faut de l'ensemble dans le travail; toutes les pièces d'une machine doivent pouvoir servir pour en rétablir une autre; les dépenses seraient peut-être quatre fois plus grandes si l'on voulait faire faire isolément toutes les réparations dans les différentes villes situées sur le chemin.

La dépense annuelle, supposée de 600,000 fr., consisterait à peu près autant en main-d'œuvre qu'en fourniture; il faudrait que l'établissement (qu'il importerait d'isoler) pût recevoir 200 ouvriers qui y seraient logés, et s'y nourriraient. Une machine à vapeur ferait mouvoir les tours, les alezoirs, les souffleries de toutes les petites forges, un martinet pour corroyer les vieux fers et ébaucher les grosses pièces, les aiguiseries, polissoirs, etc.

Il y aurait pour refondre les vieilles fontes un four à réverbère, et un four à la Wilkinson, et des ateliers pour tous les principaux genres d'ouvrages, ce qui n'empêcherait pas qu'il y eût beaucoup de choses qui pourraient être faites par les ouvriers de la ville lorsqu'ils voudraient travailler à la tâche. Une chaudière à vapeur échaufferait tous les ateliers et logemens, où le feu serait interdit.

Il y aurait de vastes magasins pour les machines et waggons de réserve, dont une partie seulement serait répartie dans les relais principaux.

Mon évaluation de la dépense à 600,000 francs est à peu près moyenne entre celle des différens auteurs qui ont parlé de cet entretien ; mais aucun d'eux n'a établi son opinion sur des renseignemens positifs.

Un grand objet de cette dépense est le remplacement des roues des waggons, qui se brisent ; je crois que cette dépense pourrait être beaucoup diminuée.

On a voulu conserver à ces roues, qui sont entièrement en fonte, la forme de celles en bois avec des jantes et des rets, et les rets se brisent très-facilement par le choc, et même ils sont souvent brisés par le retrait, dans le moulage, sans que cela soit apparent. Pour éviter cet inconvénient, je proposerais de couler les roues pleines, comme un plateau, seulement très-mince entre le moyeu et le limbe ; elles ne pèseraient pas plus que par le mode actuel. Je proposerais de plus, pour la circonférence, de la revêtir d'un cercle de fer forgé, placé à chaud de manière que par le retrait il pût embrasser fortement le limbe de fonte ; ce cercle serait ensuite tourné sur l'essieu, après son ajustage dans le moyeu qui serait foré sur le tour. Une telle roue ne pourrait jamais se rompre, et l'on sait que dans le mouvement sur les rails le cercle en fer forgé résiste bien mieux que la fonte, même trempée ; ce cercle d'ailleurs pourrait être couvert d'une lame d'acier qui y serait soudée aux grandes forges ; et lorsqu'il aurait besoin d'être renouvelé, il suffirait de le couper et dresser, et l'on en formerait des barres qui pourraient s'employer comme fer neuf.

Par ce moyen, outre l'économie sur l'entretien, on aurait l'avantage de pouvoir employer des fontes de première fusion, et de pouvoir faire couler les roues dans tous les hauts-fourneaux qui produisent les fontes douces. La dépense première serait ainsi moindre, malgré l'emploi du cercle en fer forgé, et la dépense d'entretien ne serait peut-être pas du quart.

Je proposerais de former l'établissement de réparations à Dijon, qui est la ville la plus centrale, où le transport des pièces à réparer serait ainsi le moins dispendieux, et où l'on est d'ailleurs à proximité des fontes et des fers de la première qualité, et peu éloigné des charbons.

L'évaluation des recettes présumées est basée sur la supposition d'un transport moyen de 500 mille tonnes par année pour les marchandises, et sur le départ journalier de chacune des deux villes de Paris et Lyon :

1° De huit voitures, dites à volonté, pouvant contenir chacune six places, et où les voyageurs auraient la faculté de s'arrêter ou séjourner aux différens relais, en conservant toujours la même voiture, et de se faire conduire, soit à la suite des convois de marchandises, soit par les machines accélérées;

2° De 150 voyageurs conduits par les machines accélérées dans les voitures à vingt places;

3º De 100 voyageurs portés par les chars à la suite des convois de marchandises.

J'ai pensé, en admettant ces différentes hypothèses, être au-dessous de la réalité ; il convient à cet égard d'exposer les motifs de ma persuasion.

1º Pour ce qui concerne les marchandises : Lorsqu'on a voulu terminer le canal de Bourgogne, tous les calculs d'appréciation faits pour connaître quelle pourrait être la quantité de celles qui y seraient transportées, l'ont évaluée à 400 mille tonnes ; de toute cette quantité il ne doit désormais passer sur le canal que quelques marchandises de pesanteur considérable et de peu de valeur, qui partiront seulement, ou de la vallée de l'Yonne, ou de Saint-Jean-de-Losne, ou de Dijon. Mais tout ce qui devra faire la majeure partie du trajet, entre Paris et Lyon, et qui aura quelque valeur, suivra nécessairement le chemin de fer, et cela aura lieu ainsi, lors même que les droits qui se perçoivent sur le canal seraient réduits de manière à ne pourvoir qu'aux frais d'entretien et d'administration. Considérons en effet un bateau, du port de 100 tonnes, partant de Lyon pour aller à Paris : sa dépense, pour remonter la Saône, de Lyon à Saint-Jean-de-Losne, sur 200 kilomètres environ de longueur, sera au minimum de 1000 francs, ou de 10 francs par tonne (1), ci................... 10 f. 00 c.

_____

(1) A ce taux, le prix du transport du charbon de terre de Lyon à Saint-Jean-de-Losne serait de 0 fr. 85 c. par hectolitre ; il a toujours été plus élevé.

La dépense sur le canal, de 250 kilomètres environ de longueur, sera d'abord,
pour les manœuvres qui font le tirage,
et pour le loyer du bateau et agrès,
pendant 15 jours au moins, à raison
de 8 francs par jour, 120 francs, ce qui
revient par tonne à (1)..............   1   20

En supposant que les droits, dont le
taux moyen est à peu près de 0 fr. 60 c.
par tonne et par myriamètre, se trouvent
réduits à 0 fr. 10 cent., le péage pour
chaque tonne, et pour les 25 myriamètres,
sera de....................   2   50

La descente du bateau par l'Yonne
et la Seine, de Joigny à Paris, pour la
distance d'environ 150 kilomètres, coûtera au moins pour chaque tonne.....   8   30

De sorte que la dépense totale par tonne
sera au moins de...................   22   00

De Lyon à Paris, par le chemin de
fer, le prix du transport ne sera que de..   21   00

Et ce transport sera fait en quatre jours par le
chemin, tandis qu'il en faudra 30 ou 40 par les
rivières et le canal (2). Le prix serait réduit à

---

(1) Cela suppose encore que le bateau, aussitôt après son arrivée à Paris, trouvera à se charger en retour.

(2) Le prix est actuellement d'environ 50 fr. par la Loire et les
canaux d'Orléans et du Charollais, et le trajet dure souvent plus
de deux mois.

18 fr. par la voie d'eau, et il ne peut pas descendre plus bas, que le chemin de fer, à 21 fr., aurait toujours la préférence. Le canal de Bourgogne ne sera donc plus guère fréquenté que par les marchandises destinées au commerce particulier de la vallée de l'Yonne, et l'on ne peut pas moins admettre que de supposer que des marchandises qu'il devait recevoir 200 mille tonnes, au moins, passeront sur le chemin de fer, en prenant une quantité moyenne, eu égard à celles qui, devant passer sur le canal, n'avaient pas cependant à fournir le trajet entier de Paris à Lyon. Indépendamment de ces marchandises, le chemin recevra celles qui auraient toujours continué à suivre la voie du roulage ordinaire ou accéléré, et que l'on porte au minimum en les comptant pour 50 mille tonnes.

Je pourrais m'appuyer sur les mémoires déjà cités de M. Blum, pour porter bien plus haut ces différentes quantités. On y voit en effet qu'après avoir déclaré dans le premier que « Les transports « qui sont actuellement sur terre, malgré l'exis- « tence des lignes fluviales en concurrence, sont « les seuls que l'on doive prétendre exécuter sur les « chemins de fer de grande communication. » Il ajoute : « Les transports qui ont lieu en ce moment « sur les lignes, par le roulage ordinaire ou ac- « céléré, seraient plus que suffisans pour offrir un « bénéfice au chemin projeté. »

Et dans le second, il évalue à une moyenne de 200 mille tonnes, pour le trajet entier, les mar-

chandises actuellement transportées par le seul
roulage, soit entre Paris et Lyon, soit pour les
pays intermédiaires, en faisant observer de nouveau
que ce calcul ne comprend pas le mouvement
qui a lieu sur les canaux et rivières, mouvement
qui, dit-il, *est immense;* et après avoir calculé
sur ces données les recettes qui en résulteraient,
et qui porteraient l'intérêt des capitaux à 20 pour
0/0 au moyen du péage d'un franc par tonne pour
les marchandises, et de 0 fr. 75 cent. pour les voyageurs pour chaque distance d'un myriamètre, prenant en considération l'accroissement que le chemin
de fer doit donner au développement de l'industrie,
et par suite aux transports de tous genres, il double
ce produit et le porte à 40 pour 0/0.

Son tarif, cependant, ne réduirait pas d'un tiers
la dépense actuelle du roulage (1). Quelle serait
donc, d'après son système, la quantité de transports lorsque le tarif serait le tiers du sien, et
appellerait nécessairement sur le chemin tout ce
qui voyage par d'autres voies.

Aux quantités ci-dessus mentionnées dans mon
évaluation, on doit ajouter aussi ce que l'existence
du chemin fera entrer en circulation, et qui ne
voyage pas actuellement, par suite de la lenteur et
du haut prix des transports, soit que les choses dont
il s'agit se consomment sur les lieux mêmes de la

---

(1) Il est maintenant au prix de 50 fr. par tonne pour la distance de Paris à Dijon, depuis que les bateaux ont pu traverser
le canal.

production, soit qu'elles restent enfouies dans le sein de la terre, ou que la fabrication n'ait pas lieu, objets dont il n'avait pu être tenu compte lors de la formation des projets du canal de Bourgogne, qui ne devait pas diminuer assez les frais antérieurs de transport pour augmenter beaucoup la masse de la circulation.

Parmi tous les objets dont je veux parler, je citerai d'abord les charbons de terre, qui pourront pénétrer dans une foule de lieux où leur emploi se trouvait impossible, et dont l'extraction doit s'accroître beaucoup pour fournir aux nouvelles demandes.

Je citerai aussi un seul genre parmi les marchandises qui nous viendront de l'étranger, je veux parler des marbres d'Italie; un bloc d'un mètre cube et d'un poids approchant de trois tonnes, arrivé à Marseille, ne pouvait parvenir à Paris qu'en payant au moins 400 fr. de transport; des objets de cette nature pourraient être conduits au prix de faveur de o f. 30 c. par tonne, et le transport du même bloc ne coûterait plus que 90 fr.; alors il pourrait être fait, soit pour les monumens publics, soit pour les décorations intérieures ou extérieures des bâtimens particuliers, un usage immense de ces marbres dont les carrières sont inépuisables, et dont il existe encore, sur le littoral de la mer, bien des carrières non exploitées. Les artistes pourraient en employer pour leurs études.

A ces exemples on pourrait en ajouter cent autres; j'indiquerai seulement les riches minerais de l'Iled'Elbe. Ceux-là suffisent pour faire concevoir combien l'abaissement du tarif au taux le plus bas possible ferait nécessairement augmenter la quantité des transports.

Attribuer à cette cause un mouvement de cinquante mille tonnes par année, est l'évaluer, je pense, au plus bas.

Le chemin de fer recevra de plus des marchandises sur lesquelles on n'a jamais pu établir des calculs, et dont l'appréciation est encore en ce moment même impossible ; je veux parler de celles qui ne feront que traverser la France pour aller du port de Marseille en Angleterre, au lieu de contourner l'Espagne, et de celles qu'arriveront à l'entrepôt récemment créé à Paris et n'y seront attirées que par le bas prix et la facilité des transports.

Dans le mémoire de M. Blum, il a mentionné ce transit de Marseille au Hâvre, comme devant procurer des marchandises à son chemin, bien qu'il reconnaisse qu'avec son tarif d'un franc il ne pourrait pas soutenir la concurrence des canaux et des rivières. Je suis persuadé que le résultat ne répondrait pas à son attente ; mais ce qui serait très-douteux pour son chemin, avec le tarif d'un franc, devient infaillible pour le mien avec le tarif de 0 fr. 35 c., qui, pour ces grandes masses de transit, pourrait être réduit à 0 fr. 30 c.

Supposons en effet un bâtiment du port de cinq cents tonneaux, à la destination d'Angleterre, en relâche à Marseille, chargé de riz, de blé, ou de coton du levant, ou de marchandises des Indes qui auraient traversé la mer Rouge et le canal de Suez à Alexandrie, ou le chemin de fer qui sera peut-être établi avant peu entre ces deux villes en passant par le Caire, la distance du Hâvre à Marseille, par la ligne qu'a indiquée M. Blum, suivant le cours de la Marne, serait d'environ 120 myriamètres, et d'après le tarif d'un franc, la dépense du transport pour la charge entière serait de 60,000 fr.

Par la ligne que j'ai étudiée, en suivant la vallée de la Seine, la distance serait de dix myriamètres plus courte, et d'après le tarif de 0 fr. 30 c., la dépense totale pour la charge du bâtiment ne serait plus que de 16,500 fr.

On conçoit que dans ce dernier cas le propriétaire du bâtiment donnera volontiers cette somme pour pouvoir retourner de suite chercher une autre cargaison, et faire ainsi dans le levant six voyages par année, tandis qu'il n'en peut faire que deux en partant des côtes d'Angleterre ; et il le fera d'autant plus volontiers que les marchandises auront plus de valeur, car en supposant que cette valeur soit de 1 fr. par livre, celle de la cargaison sera d'un million, l'intérêt à 1/2 pour cent par mois sera de 15,000 fr. pour trois mois gagnés sur le voyage, tant pour aller que revenir, et ce bénéfice de 15,000 fr. aura lieu indépendamment de celui des assurances et frais de navigation; en ne supposant les marchandises qu'au prix de 0 fr. 20 c. la livre, le bénéfice sur l'intérêt ne serait plus que de 3,000 fr. Néanmoins, d'après les avantages résultant de la diminution de dépense pour le bâtiment lui-même, le transit au prix de 16,000 fr. serait encore avantageux; mais s'il faut payer 60,000 fr., le bâtiment préférera continuer son voyage, à moins que les marchandises ne soient d'un prix extrêmement élevé, et que l'intérêt du capital pendant trois mois ne dépasse 40,000 fr.

Il est donc évident que ce n'est que la modicité du tarif, jointe à la rapidité du transport, qui peut attirer dans le centre de la France ce transit, dont l'utilité ne sera pas seulement pour la compagnie des transports, mais aussi pour beaucoup de branches d'industrie, et pour l'entrepôt de Paris, où il est certain que l'on verra séjourner une grande quantité de ces marchandises.

Évaluer exactement la quantité de tonnes de transports que le transit doit procurer au chemin de fer, est chose absolument impossible; on ne pourrait pas même le dire lorsque l'on connaîtrait parfaitement les relations de l'Angleterre avec le Levant, car, d'une part, l'étendue de ces relations s'accroîtrait infailliblement par les facilités que leur donnerait le nouveau chemin; et de plus il est certain que le commerce des Indes viendra lui-même, en grande partie, prendre cette voie nouvelle, si l'Égypte, qui marche à grands pas vers la civilisation, facilite elle-même le passage de la mer Rouge à la Méditerranée.

Porter à cent mille tonnes par an ce qui doit ainsi passer sur le chemin de fer de Lyon à Paris, ou de Paris à Lyon, tant par l'effet de l'entrepôt que du transit, est assurément l'évaluer bien au-dessous de ce qu'il doit être.

Il nous reste encore à examiner ce que peut produire sur le chemin de fer le commerce de localité. Ce commerce se compose de ce que chaque versant envoie du côté de la mer qui lui correspond, ou de ce qu'il en reçoit. Les quantités de ces marchandises augmentent ainsi à mesure que l'on s'éloigne du point de partage, et deviennent extrêmement considérables, d'une part, lorsqu'on arrive par la Seine à Paris, qui en reçoit une partie de ses approvisionnemens, et de l'autre, lorsque l'on arrive à Lyon par la Saône, qui y porte non-seulement des approvisionnemens pour cette ville, mais encore une quantité considérable de céréales destinées pour les départemens du midi, et en échange desquelles reviennent diverses productions de ces départemens.

Il résulte de ces transports variés de chaque côté du point de partage une quantité moyenne que je vais chercher d'abord à apprécier sur le versant de la Méditerranée.

Du point de partage jusqu'à Dijon, le chemin recevra quelques céréales, et le produit de diverses usines, auxquelles il portera des houilles ; cet accroissement néanmoins ne sera pas d'une très-haute importance.

De Dijon à Saint-Jean-de-Losne, ce chemin recevra de plus ce qui y arrivera du canal de Bourgogne, mais surtout les marchandises de l'embranchement du chemin de fer que je propose entre Gray et Saint-Jean-de-Losne.

Dans les calculs particuliers relatifs à cet embranchement, j'ai évalué à cent cinquante mille tonnes ce qui doit y passer dans l'année ; j'aurais pu le porter beaucoup plus haut sans craindre d'être accusé d'exagération, m'appuyant sur un tableau de M. l'ingénieur Fournel, auteur du pojet du chemin de fer de Gray à Saint-Dizier, tableau mentionné dans le mémoire précité de M. Blum, et d'après lequel le mouvement du seul port de Gray, déduit de dix années consécutives, serait de deux cent dix-neuf mille tonnes par année. Si ce nombre était exact, il devrait être augmenté beaucoup, pour le calcul, de ce que recevra le chemin de fer, eu égard aux marchandises qui voyagent maintenant par terre, et qui des départemens environnans arrivent à Gray par les diverses routes qui y aboutissent.

Cette quantité de marchandises qui doivent passer à Gray pour descendre dans le midi, ou remonter du midi pour se répandre dans les départemens du nord, s'accroîtra encore nécessairement beaucoup dans la suite, soit par l'exécution du chemin de fer depuis long-temps projeté de Gray à Saint-Dizier, soit par celle du canal aussi projeté depuis long-temps, et qui pourrait lui-même être remplacé par un chemin de fer, pour réunir la Saône à la Moselle, soit par un autre chemin de fer qui réunirait également les vallées de la Saône et de la Meuse, et suivrait le cours de cette rivière jusqu'à notre frontière, mais qui pourrait depuis Mézières aller joindre la mer à Dunkerque, en traversant, dans toute sa longueur, le département du Nord.

On peut regarder comme certain qu'il sera aussi exécuté un chemin de cette nature entre Paris et Anvers; les relations amicales qui ne peuvent manquer de subsister entre la France et la Belgique doivent faciliter leur accord pour l'établissement de cette communication entre les deux grands entrepôts de Paris et d'Anvers. Ce chemin couperait celui de Mézières à Dunkerque, de manière que la partie qui entrerait en Belgique formerait, avec celui qui vient de Gray, une communication non moins importante entre Marseille et Anvers.

Un tel chemin aurait évidemment des avantages immenses, et fournirait beaucoup de transport à celui de Gray à Lyon. Les marchandises les plus précieuses des possessions hollandaises des Indes pourraient même passer par cette voie; mais toutes ces probabilités d'accroissement n'étant que pour l'avenir, au lieu d'augmenter le nombre de 219,000 tonnes du tableau de M. Fournel, je ne l'ai compté que pour 150,000 dans le calcul des recettes de l'embranchement de Gray, l'indication mentionnée dans le tableau de M. Fournel ne s'étant pas trouvée en harmonie avec celle qu'a bien voulu me communiquer M. le Directeur des droits réunis, sur les péages qui ont lieu aux bureaux de Pontailler et de Saint-Jean-de-Losne. Si l'erreur est de mon côté, elle se trouve entièrement à l'avantage de mon projet. La distance de Saint-Jean-de-Losne à Lyon étant à-peu-près le tiers de la distance totale de Paris à Lyon, ces 150,000 tonnes équivalent à 50,000 faisant la totalité du trajet.

En descendant de Gray, le chemin recevra d'abord à Pontailler les marchandises qui y viennent habituellement pour être embarquées sur la Saône, et il est de plus à présumer qu'un moment arrivera où un chemin de même nature, partant de Pontailler, remontera la vallée de l'Ognon, contrée riche par son sol et par son active industrie, et qui fournirait au chemin principal une grande quantité de produits.

Plus loin, la ville d'Auxonne fournira encore au chemin une grande quantité de marchandises. Mais, avant Saint-Jean-de-Losne, ce chemin recevra surtout les produits du canal de la Saône au Rhin, destinés pour le midi, ou ceux provenant du midi pour remonter ce canal : et la quantité de ces transports sera très-considérable.

Le mémoire de M. Blum l'évalue à 200,000 tonnes. Je réduis cette quantité à 80,000 ; et en la réunissant à ce qui peut provenir de Pontailler et d'Auxonne, et que j'évalue à 10,000 tonnes, il en résulte un total de 90,000 qui équivalent à 30,000 parcourant la longueur totale.

De Saint-Jean-de-Losne à Châlon, les routes qui aboutissent à Seurre et à Verdun fournissent encore à la Saône beaucoup de céréales qui prendront la voie du chemin de fer.

Châlon lui fournira aussi beaucoup de produits

provenant des diverses routes départementales qui y aboutissent, et surtout du canal du Charollais.

J'évalue ces divers produits à 5o,ooo tonnes ; et la distance de Châlon à Lyon étant le cinquième de la longueur totale du chemin, les 5o,ooo équivalent à 1o,ooo parcourant le trajet entier.

Plus loin la Seille fournira encore une grande quantité de marchandises provenant de sa navigation, accrue par l'exécution du chemin de fer projeté entre Lons-le-Saunier et Louhans, dont les transports, évalués à 3o,ooo tonnes dans le projet proposé pour ce chemin, s'augmenteraient nécessairement beaucoup, par suite de l'exécution du chemin latéral de la Saône. Je ne compterai néanmoins ce produit que pour 3o,ooo tonnes ; et la distance de l'embouchure de la Seille à Lyon étant le sixième de la longueur totale comptée depuis Paris, les 3o,ooo tonnes équivaudront à 5,ooo parcourant le trajet entier (1).

---

(1) Cette quantité de trente mille tonnes s'augmenterait beaucoup plus encore, si le chemin latéral de la Saône étant exécuté, celui de Lons-le-Saunier à Louhans se continuait jusqu'à la Saône en suivant le pied du coteau dans la plaine où coule la Seille : car la navigation de cette rivière n'a jamais répondu à l'espoir que l'on avait eu quand on a formé le projet de l'établir ; elle souffre en effet de toutes les basses eaux de la Saône, qui ne permettent pas d'entrer par son écluse d'embouchure, et, de plus, elle est interrompue par les moindres pluies, qui occasionent des inondations dans une grande partie de la vallée ; les sinuosités de cette rivière sont d'ailleurs telles, qu'un chemin de fer abrégerait considérablement le trajet, et il permettrait aux convois de venir très-facilement de Lons-le-Saunier à la Saône, et retourner dans le même jour. Ce chemin recevrait

Les routes qui arrivent à Mâcon fournissent encore des marchandises pour le midi ; mais la plus grande quantité que le nouveau chemin recevrait à ce point, proviendrait d'un autre chemin de fer qui, si celui de la Saône était fait, arriverait nécessairement à Mâcon en partant de la ville de Bourg (1). On peut évaluer les produits de ce chemin, de même que pour le canal de la Seille, à environ 30,000 tonnes ; mais la distance de Mâcon à Lyon n'est plus que la dixième partie de la longueur totale, et les 30,000

---

alors non-seulement tous les transports qui ont lieu actuellement sur la Seille, mais beaucoup d'autres marchandises destinées au commerce de la Suisse, et qui maintenant suivent les voies de terre par diverses directions ; ce chemin d'ailleurs, combiné avec celui de Paris à Lyon, faciliterait tellement le transport des cendres et de la chaux, si utilement employées dans ce pays comme engrais, et que l'on va chercher au loin par voiture, qu'il en arriverait de bien plus loin encore, au moyen de la voie nouvelle, une quantité considérable dont l'agriculture retirerait de très-grands avantages.

(1) Une compagnie s'occupe en ce moment des études d'un chemin direct à établir de Bourg à Lyon. Ce projet, très-utile, en ne considérant les choses que dans l'état actuel, perdrait, à ce que je crois, beaucoup de son importance, si le chemin latéral de la Saône était fait, et si la compagnie qui aurait exécuté ce dernier établissait elle-même un chemin de Bourg à Mâcon. En effet, celui-ci pourrait fournir la communication de Bourg à Lyon à peu près aussi promptement que par le chemin direct ; car, quoique la longueur de cette ligne directe, mesurée sur la carte, semble n'être que les deux tiers de celle du chemin qui viendrait d'abord joindre la Saône près de Mâcon, elle abrégerait cependant beaucoup moins, eu égard aux développemens indispensables pour contourner les montagnes et

tonnes n'équivalent plus qu'à 3000 transportées sur toute la longueur.

On peut enfin évaluer à 20,000 tonnes ce que recevra le chemin, tant du commerce particulier de la ville de Mâcon, que des diverses routes entre cette ville et Châlon. Cette quantité, réduite au dixième, donne au chemin entier un transport moyen de 2000 tonnes.

En récapitulant les évaluations ci-après détaillées, on trouvera :

---

coteaux qui se trouvent entre Bourg et Lyon ; et, d'un autre côté, malgré ces développemens, il est de toute impossibilité qu'il ne soit pas établi sur ce chemin des contre-pentes nombreuses, et des pentes un peu fortes qui retarderont la marche des convois, ou des tranchées profondes qui augmenteraient énormément la dépense du chemin, et ne permettraient d'établir les tarifs qu'à un taux très-élevé pour que la compagnie pût retirer l'intérêt de ses capitaux ; au contraire, celui qui aurait lieu de Bourg à Mâcon, exécuté dans la vallée de la Veyle, pourrait n'offrir qu'une descente en pente douce et presque insensible ; sa dépense, pour une longueur d'environ 36,000 mètres, n'excéderait pas 1,800,000 francs, compris tous accessoires ; ce chemin d'ailleurs servirait également à la communication de la ville de Bourg avec le nord, l'ouest et le midi de la France, et serait plus fréquenté qu'un chemin unique de Bourg à Lyon ; et s'il était exécuté par la compagnie du chemin de Paris à Lyon, elle pourrait y établir le même tarif de 0 fr. 35 c. Ainsi, le transport d'une tonne de marchandises, de Bourg à Lyon, ne coûterait pas plus de 4 fr. 00 cent., tandis que par le chemin direct, il ne pourra pas en coûter moins de 7 fr.

Il est donc dans l'intérêt de la compagnie qui s'occupe du chemin direct de tourner plutôt ses regards sur la ligne de Bourg à Mâcon.

1º Transports qui devaient s'effectuer sur toute la ligne, en passant par le canal de Bourgogne....... 200,000 f.

2º Transports qui se seraient toujours effectués par le roulage............................... 50,000

3º Transport de marchandises provenant d'extraction ou de fabrication nouvelles déterminées par les facilités que leur procureront, sur le chemin de fer, la rapidité du trajet et le bas prix du tarif........ 50,000

4º Transport de marchandises nouvelles, par l'effet du transit d'Angleterre pour la Méditerranée ou de l'entrepôt de Paris...................·........... 100,000

5º Transport résultant des marchandises venant de Gray, ou y allant, compté à partir de Saint-Jean-de-Losne, et réduit en raison de l'espace parcouru sur le chemin, comparé à la longueur totale....... 50,000

6º Transport des marchandises arrivant à Saint-Jean-de-Losne, de Pontailler, d'Auxonne ou du canal de la Saône au Rhin, réduit, comme il est dit ci-dessus.................................. 30,000

7º Transport réduit des marchandises provenant des localités entre Saint-Jean-de-Losne et Châlon, et du canal du Charollais....................... 10,000

8º Transport réduit des marchandises provenant de Lons-le-Saunier et Louhans.................. 5,000

9º Transport réduit des marchandises provenant de Bourg....................................... 3,000

11º Transport réduit des marchandises arrivant par les autres routes, entre Châlon et Mâcon...... 2,000

Total........ 500,000

Ainsi déjà, et en évaluant tout au-dessous du minimum, nous arrivons aux 500,000 tonnes, base de mon évaluation des recettes, sans avoir encore fait mention du commerce de localité sur le versant de la Seine. Je parlerai moins en détail de ce qui peut y avoir lieu; mais, nécessairement, les mêmes causes doivent produire les mêmes effets; il doit y avoir, depuis le point de partage, un accroissement progressif de transports pour l'approvisionnement de Paris; il y a même de plus un genre de marchandises qui, dans l'état actuel, n'est transporté ni par bateaux, ni par voitures, et qui très-vraisemblablement le sera sur le chemin de fer; je veux parler des bois de chauffage qui sont maintenant flottés ou en trains, ou à bûches perdues, genre de transport qui, par la perte, et sur la quantité et sur la qualité, fait élever la dépense au-delà de ce qu'elle serait par le chemin de fer.

Ce versant de la Seine n'aura pas, comme celui de la Saône, un embranchement de Gray, ni le canal de la Saône au Rhin, qui y porteront leurs produits; mais le commerce de la ville de Troyes, celui du Châtillonnais, celui de la vallée de l'Aube, sont très-considérables, et il est impossible d'évaluer au-dessous de 100,000 tonnes la quantité réduite des transports provenant de ce commerce de localité.

J'arrive ainsi à un total de 600,000 tonnes, quantité qu'il m'aurait été facile de faire monter à 700,000, sans pouvoir être accusé d'exagération; je n'ai, néanmoins, fait entrer dans mon calcul des évaluations des recettes qu'un transport de 500,000 tonnes, ne voulant pas que mes prévisions pussent jamais se trouver en défaut.

Les raisonnemens qui viennent d'avoir lieu pour le transport des marchandises s'appliquent aussi aux voyageurs; avec cette différence que la quantité des marchandises est bornée par la nature même, pour tout ce qui est production, tandis que l'accroissement de la quantité des voyageurs n'est pas susceptible de limites. Leur nombre serait peut-être au-delà de ce que l'on peut concevoir, si le chemin de fer était entièrement fait du Hâvre à Marseille, car c'est un fait assez généralement connu, que plus on facilite et multiplie les moyens de transport, plus il y a de voyageurs. On sait que leur nombre a quadruplé de Liverpool à Manchester dans les premiers instans de l'établissement du chemin de fer qui vient d'y être exécuté, et, depuis lors, il va toujours croissant.

Une dépense extrêmement modique, et trois jours de voyage dans une voiture si douce que l'on peut s'y croire en repos, malgré la rapidité de sa marche, serait le seul obstacle qui séparerait la capitale de ce ciel de Provence, si beau, si favorable à la santé dans une foule de maladies de nos climats du nord; et si nous conservons Alger comme colonie, il y aurait encore là une cause nouvelle de voyages multipliés.

Les voitures à volonté, qui n'auraient qu'un peu plus de la capacité d'une berline ordinaire, offriraient tous les avantages que l'on trouve aux voyages en poste, avec le quart de leur dépense, et moins l'inconvénient de la poussière et de la boue des routes; et l'on peut être certain que cette voie serait adoptée non-seulement par beaucoup de familles ou de sociétés de voyageurs français, mais aussi par un grand nombre de familles étrangères, qui chaque année se rendent du nord en Italie, et que le

nombre de ces voyageurs augmenterait considérablement.

Par le chemin du Hâvre à Marseille, et par les
paquebots à vapeur de la Méditerranée, le trajet
de Londres à Naples se ferait en huit à dix jours,
et à si peu de frais qu'aucun homme jouissant de
quelque aisance ne se dispenserait désormais d'aller
visiter l'Italie; pas un artiste qui pût ne pas visiter
Rome; tout Italien voudrait visiter Paris et Londres.

De quelque côté que l'on envisage donc les probabilités pour l'avenir, on ne peut apercevoir que
des causes d'un accroissement considérable dans le
produit du chemin que je propose, et cependant
mes évaluations de recette présentent déjà le résultat
d'un intérêt de 11 p. 0/0 du capital qui serait
employé, et le tarif de 0 fr. 35 c. par tonne de
1000 kilogrammes de marchandises et par distance
de 10,000 mètres, pourrait être baissé à 30, que
l'intérêt des capitaux dépasserait encore 9 p. 0/0.
Dans une telle position, il est donc impossible
d'avoir à redouter la concurrence ni des rivières,
ni des canaux, ni d'aucune compagnie rivale.

Mais, dira-t-on, par un tarif aussi bas, attirant
à votre chemin tout ce qui suit maintenant d'autres
voies, vous nuirez au roulage, aux messageries,
aux aubergistes, aux mariniers, au gouvernement
même qui vient de faire de grandes dépenses pour
son canal de Bourgogne, et qui, à l'instant même
où il le met en navigation, se trouvera privé des
produits qu'il avait dû en espérer.

Je reconnaîtrai la vérité de toutes ces allégations,

et je m'étonne que dès les premiers momens où l'on a commencé en France à s'occuper de la question des chemins de fer, la plupart des ingénieurs qui l'ont examinée ne l'aient pas envisagée comme moi. Il peut y avoir eu aussi de la politique de la part des demandeurs de concessions à dissimuler d'abord les infaillibles résultats de ce nouveau mode de transport, soit pour obtenir plus facilement ces concessions avec des tarifs élevés, soit pour ne pas effrayer un si grand nombre d'intéressés au maintien de l'ordre de choses actuel.

J'ai déjà dit plus haut que M. Blum, sollicitant la concession des deux chemins du Hâvre à Marseille, et de Nantes à Strasbourg, et demandant un tarif de 1 franc, où je crois qu'il peut être réduit à 0 fr. 35 c. et même à 0 fr. 30 c., déclarait que son chemin laisserait dans l'état actuel la navigation des rivières et des canaux; mais en supposant que la compagnie qu'il voulait former eût été organisée dans cette persuasion, la seule force des choses aurait bientôt fait changer son système.

En effet, en supposant ses prévisions réalisées, le monopole d'une exploitation immense qui produirait 40 p. 0/0 d'intérêt ne pourrait assurément pas être garanti à perpétuité à une seule compagnie, car il y aurait lésion évidente des intérêts généraux, et de même que M. Blum pensait d'abord établir son chemin, joignant la ligne du canal de Bourgogne, de même qu'un chemin de même nature vient de s'établir à côté du canal de Givors, de même aussi un autre chemin, tel que celui que je propose, plus avantageusement situé que celui de M. Blum, et promettant de réduire ses tarifs au tiers, aurait pu s'exécuter malgré le sien, et alors il aurait peut-être lui-même descendu son tarif au-dessous de 0 fr. 35 c., reconnaissant que par cet abaissement même son produit pourrait s'augmenter.

Il est de la nature des chemins de fer de ne pas pouvoir admettre une libre circulation des voitures particulières, lors même que les roues seraient faites dans la forme convenable pour s'adapter exactement sur les rails ; les convois conduits par les machines seraient continuellement entravés par la rencontre de ces voitures ; il faut qu'un même système préside à la direction des transports ; il faut nécessairement un monopole, soit qu'il s'exerce au nom d'une compagnie propriétaire du chemin, ou d'une compagnie de fermiers, si le chemin s'exécutait au compte du gouvernement. Mais ce que ce mot seul de monopole comporte d'impopulaire disparaîtrait nécessairement dans le projet que je propose, devant les avantages immenses résultant du bas prix des tarifs. Il n'en serait pas de même avec le péage d'un franc, péage qui s'éloigne si peu de la dépense à faire à l'aide des bêtes de trait que l'on voit encore sur la route de Saint-Etienne à Lyon, à côté du chemin de fer où le tarif est de 0 f. 98 c., des voitures ordinaires chargées de houille, et que dans le département de la Côte-d'Or il est bien des maîtres de forges qui, pour les approvisionnemens de leurs usines ou le transport de leurs produits, ne paient pas à un prix plus élevé les voitures attelées de chevaux et de bœufs. Ce médiocre intérêt pour le public, comparé à l'énormité des bénéfices annoncés dans le mémoire de M. Blum, ne pourrait assurément pas éteindre la jalousie, ni empêcher le gouvernement d'autoriser une compagnie nouvelle, qui ne demanderait qu'un tarif si inférieur à celui de M. Blum, tarif qui, comparé aux frais actuels de la navigation, eu égard à l'intérêt des capitaux pendant le voyage et à toutes les chances d'avaries, présenterait à son égard un avantage au moins aussi grand que le tarif de M. Blum, comparé aux frais du roulage. Le mieux est donc, à mon avis, d'établir dès le premier moment des tarifs tels, qu'offrant à l'entreprise des bénéfices convenables *et assurés*, ils ne donnent pas un prétexte plausible pour faire élever des concurrences; et quelle qu'ait pu être, à cet égard, la persuasion de ceux qui jusqu'ici ont publié des projets ou demandé des concessions pour des chemins de fer, moi je pense que le temps est venu d'aborder franchement la question, et de dire : *Que les chemins de fer doivent opérer une révolution complète pour les transports de toute nature, et que partout où il existera par leur moyen de grandes lignes de communication, il ne devra plus subsister, non-seulement roulage ni messageries, mais encore aucune navigation naturelle ou artificielle.* Et pour répondre à cet égard au reproche de nuire à d'autres industries, je ferai observer que la question n'est pas particulière au chemin que je propose, mais qu'elle concerne tous les chemins de fer qui, même avec un tarif élevé,

feront à-peu-près autant de mal, et seulement beaucoup moins de bien; et qu'il en est de ce nouveau
système de transport comme de tous changemens
notables dans les procédés de l'industrie. Demander
si les chemins de fer ne doivent pas être prohibés,
c'est demander si l'on ne doit pas briser tous les
métiers de nouvelle invention, toutes les machines
et les bateaux à vapeur, briser même les voitures
publiques qui ne couchent plus, comme autrefois,
dans les auberges.

Sans doute il y aura froissement momentané de
quelques intérêts privés; mais, d'un autre côté,
les résultats de ces chemins seront d'un intérêt immense pour l'accroissement du bien-être général :
intérêt d'autant plus grand que le tarif y sera plus
bas.

L'homme, d'ailleurs, qui est habitué à vivre de
son travail, ne tarde pas à trouver d'autres occu-
pations, lorsqu'il est contraint d'en changer; beaucoup en trouveront dans le nouveau chemin lui-
même, qui emploiera une foule de bras, sa dépense
entière devant être de main-d'œuvre, puisque les
matières mêmes qui entreront dans son exécution
ne proviennent que d'autres matières sans valeur
dans les entrailles de la terre. Ainsi ce chemin acti-
vera au plus haut degré diverses branches d'industrie, et chaque pays qu'il traversera sera un centre
où viendront aboutir de loin les denrées et les
voyageurs qui devront y prendre le chemin nouveau.

Cette question, au surplus, est déjà depuis long-temps résolue par le fait. On a admis l'utilité des chemins de fer, et le mode employé pour leur concession, où l'on donne la préférence à celui qui demande le tarif le moins élevé, prouve que l'on reconnaît que les tarifs les plus bas sont les plus conformes à l'intérêt public.

Peut-être, à la vérité, ne s'est-il pas encore rencontré de cas où les tarifs demandés aient été moindres que les droits perçus par l'Etat sur des canaux voisins; mais le principe n'est pas moins le même, et les propriétés privées de l'Etat ne doivent pas plus être privilégiées que celles des particuliers. Ainsi, quand le revenu que l'on espérait du canal de Bourgogne devrait être entièrement perdu, il ne pourrait y avoir là aucune cause qui mît obstacle à l'établissement du chemin proposé; mais il est facile de démontrer, d'autre part, que les avantages procurés au gouvernement par ce chemin l'emporteront de beaucoup sur la perte de ses péages.

La diminution de dépense de l'entretien des routes fera d'abord compensation à une grande partie de la perte; mais combien le gouvernement ne gagnera-t-il pas aussi sur les transports qu'il a à faire exécuter à son propre compte? d'autant plus qu'avec lui la compagnie pourrait avoir un prix de faveur, et réduire son tarif à 0 fr. 30 c. par tonne de marchandises, et à 0 fr. 05 c. par myriamètre pour le transport de chaque soldat lorsqu'ils marcheraient en convois, ou à 0 fr. 10 c. pour ceux qui marcheraient isolément. A ces prix, la compagnie aurait encore du bénéfice, et le gouvernement ne paierait que 5 fr. pour le transport d'un soldat et de son bagage, de Paris à Marseille.

Il lui en coûte un peu plus par l'entreprise de ses convois militaires.

Indépendamment de l'avantage qu'il retirerait de l'économie de ces transports, combien n'en trouverait-il pas encore dans leur célérité? Supposons, par exemple, qu'il arrive un de ces temps de disette où, pour l'approvisionnement de Paris, l'État souvent fait de si grands sacrifices. Les blés d'Odessa, d'Égypte ou de Barbarie, qui, étant à Marseille, ne peuvent être rendus à Paris par la voie de mer qu'en 40 ou 50 jours; qui ne peuvent l'être qu'en 25 par le roulage, et ne peuvent qu'en très-petite quantité prendre cette voie, par suite de l'insuffisance du nombre de voitures, dont la cherté est d'ailleurs excessive, et s'accroît en raison des besoins, trouveraient dans le nombre immense des waggons, que dans cette circonstance la compagnie s'empresserait de fournir, les moyens d'arriver en six jours à Paris, ne coûtant pour ce transport que le prix d'un liard par livre.

Il en serait de même des transports d'approvisionnement pour les armées, soit de vivres, soit de matériel; mais l'avantage le plus immense serait la facilité de transporter des armées entières d'une extrémité de la France à l'autre, avantage qu'ont déjà mentionné plusieurs de ceux qui se sont occupés de la question des chemins de fer, et notamment MM. Lamé et Clapeyron, que j'ai déjà eu l'occasion de citer; mais cet avantage serait infiniment plus grand par mon système que par tout autre, parce qu'au moyen

6

du bas prix du tarif, effectuant des transports beaucoup plus nombreux, la quantité des waggons et des
machines locomotives serait toujours beaucoup plus
grande.

Dans ce cas, on sentirait l'importance de la con-
tinuation du chemin au-dessus de Gray pour aller
joindre la vallée de la Meuse, ainsi que je l'ai déjà
indiqué, et se prolonger jusqu'à Dunkerque, en
coupant le chemin de Paris à Anvers. Alors l'armée qui vient de triompher devant cette place pourrait, en moins de dix jours, être transportée à
Marseille. Sur toute cette étendue de la ligne du
chemin, 5,000 waggons pourraient être mis à la
disposition du gouvernement, et transporter 100,000
hommes qui arriveraient sans fatigue, accompagnés
d'un mois de vivres et de tous leurs bagages, au
point où ils seraient nécessaires (1).

Cette ligne du chemin de Marseille à Dunkerque
et Anvers, parallèle à toute la longueur de notre
frontière agressible, communiquant au chemin qui
sera établi le long de la Loire jusqu'à Nantes, par
celui de Paris à Orléans, par celui de Lyon à An-

_____

(1) Les waggons, dans leur état ordinaire, ne sont pas disposés de manière à transporter des hommes. Il y en a de diverses
formes, selon la nature des marchandises ; mais pour les mettre
tous dans l'état où ils devraient être pour pouvoir transporter
chacun 20 soldats commodément et à couvert, la dépense à faire
serait d'à-peu-près 150 fr. pour chaque waggon ; ces dispositions
pourraient être prises à l'avance, et toutes les pièces nécessaires,
conservées aux magasins des différens relais, de manière que tout
pût être prêt à l'instant du besoin ; cette obligation pourrait être
imposée à la compagnie comme clause de la concession.

drézieux, et par celui de Châlon à Digoin, fournirait ainsi des facilités immenses en temps de guerre
pour la défense et pour l'attaque; et l'on ne regret-
terait pas alors que pour sa création il eût fallu sa-
crifier quelques péages sur un canal.

Mais une compensation plus directe existerait
encore par la facilité que ces chemins procure-
raient, pour réduire, en temps de paix, la quantité
de nos troupes. Certain d'être partout en mesure
pour repousser une attaque imprévue de l'extérieur,
et non-seulement de réprimer, mais de prévenir à
l'intérieur tout complot, toute émeute, par l'existence seule des grandes lignes de communication en
chemin de fer, le gouvernement acquerrait un pouvoir immense. Si, lors de l'émeute de Lyon, le
chemin que je propose eût existé, il n'aurait pas
fallu si long-temps pour y porter deux régimens;
et de savoir seulement qu'en trois jours cinquante
mille hommes auraient pu s'y trouver réunis, aurait empêché le complot; et si, en mars 1815, ce
chemin eût existé, le grand génie lui-même
eût aussi reculé devant l'idée qu'en quatre jours
dix mille Suisses auraient pu lui être opposés, et
nous n'aurions pas vu ce débarquement de Cannes,
qui a coûté si cher à la France.

On peut regarder comme certain que l'existence
de ces chemins permettrait dans notre armée une
réduction de trente mille hommes, et une économie
de plus de 20 millions par année (c'est beaucoup
plus que le produit net de tous les canaux et rivières).

Cette réduction de l'armée produirait encore un
bénéfice d'un autre genre, puisque les 30 mille

hommes qui rentreraient dans la société, y fourni-
raient le fruit de leur travail; tandis que le soldat
n'y serait qu'un fléau, s'il n'était pas nécessaire pour
la protéger, puisqu'il consomme et ne produit pas.

On pourrait compléter l'ensemble des grandes
communications qui paraissent les plus importantes,
par une ligne qui, de Bordeaux, remontant jusqu'à
l'une des sources de la Dordogne, avec une pente
qui serait presque insensible, traverserait la grande
chaîne de montagnes, au col le plus convenable,
pour descendre dans le bassin de l'Allier, et arriver
à cette rivière en suivant le vallon de l'un de ses
affluens (on présume que ce pourrait être vers le
bourg de Nonette); de ce point on pourrait se
diriger sur Montbrison en contournant une montagne et traversant un col de celle qui sépare les
deux bassins de l'Allier et de la Loire, et de là
on irait sur Lyon par le chemin de St.-Etienne.

Par là se trouveraient établies les communications de Bordeaux à Lyon, et de Bordeaux à Paris;
mais cette dernière pourrait être abrégée en suivant
le cours de l'Allier, depuis le point où y aboutirait
le chemin dirigé sur Lyon, et passant par Moulins
pour rejoindre, près de Nevers, le chemin de Roanne
à Paris.

Cette ligne, entre Bordeaux et Paris, si elle n'est
pas la plus courte, serait celle, je crois, qu'il serait possible de parcourir dans le moins de temps
et avec le moins de dépense : car il n'y aurait
qu'un col à traverser entre Bordeaux et Orléans;
tandis que, de toute autre manière, il y en aurait
un plus grand nombre : et j'ai déjà exposé combien,

en fait de chemin de fer, il y a d'importance à éviter les changemens de bassins, qui ne peuvent se faire sans avoir de fortes pentes.

Le chemin de Roanne à Paris acquerrait par là une immense importance ; et au lieu de l'appeler : *Complément de la route de Paris à Lyon*, il devrait être nommé : *Commencement de celle de Paris à Bordeaux* ; et il n'y aurait pas lieu de voir avec jalousie le projet direct que je propose de Paris à Lyon par Dijon.

Il en serait de même du chemin actuel de Lyon à Andrézieux par Saint-Etienne ; il serait le *commencement du chemin de Lyon à Bordeaux*.

Aux considérations que j'ai développées ci-dessus, en faveur du projet que je présente, sous le rapport de l'intérêt général du commerce et de l'intérêt particulier du gouvernement, j'en ajouterai encore quelques-unes, plus spécialement applicables au département de la Côte-d'or, où je suis né, où j'écris, et pour lequel principalement j'écris.

Par le chemin de la Loire, s'il établissait seul la communication de Paris à Marseille, la Côte-d'Or se verrait privée de tous les avantages que lui procure actuellement le transit entre ces deux villes, les industries qui tiennent au roulage et au passage des voyageurs s'y trouveraient détruites, comme par tout projet de chemin de fer qui établira la communication entre les mêmes points, et les produits du sol baisseraient, au lieu de s'augmenter, puisque le midi pourrait s'approvisionner à plus bas prix par d'autres voies.

Par le mien, au contraire, s'il produit un mal de

toute manière inévitable, offre des compensations dont l'importance peut être peinte aux yeux par un tableau de quelques chiffres, tableau rédigé dans la supposition que le système des communications sera complété en chemins de fer, ainsi qu'il doit l'être infailliblement un jour, entre les trois grands entrepôts de Paris, Anvers et Marseille, et que le prix des tarifs sera partout sur ces grandes lignes, ainsi que je l'ai proposé, pour chaque distance d'un myriamètre, de o fr. 35 c. par tonne de marchandises, et de o fr. 6o c., o fr. 35 c. et o fr. 2o c. pour chaque place de voyageurs, selon le genre des voitures qu'ils prendront.

Tous les départs sont supposés avoir lieu depuis Dijon.

DESTINATIONS.	Distance approximative depuis Dijon.	PRIX DES TRANSPORTS									
		par tonne de marchandises.		par pièce de vin.		par hectolitre de blé ou de houille.		par place de voyageurs.				
	myr.	fr.	c.	fr.	c	fr.	c	fr.	c.	fr.	c.	fr.	c
Troyes......	18	6	3o	1	6o	»	52	11	»	6	3o	3	6o
Paris........	37	13	»	3	25	1	1o	22	»	13	»	7	4o
Rouen.......	5o	17	5o	4	4o	1	5o	3o	»	17	5o	1o	»
Le Hâvre.....	6o	21	»	5	25	1	75	36	»	21	»	12	»
Châlon.-s.-S..	9	3	15	»	8o	»	27	5	4o	3	15	1	8o
Mâcon	15	5	25	1	3o	»	43	9	»	5	25	3	»
Lyon........	22	7	7o	1	9o	»	65	13	2o	7	7o	4	4o
Beaucaire....	5o	17	5o	4	4o	1	5o	3o	»	17	5o	1o	»
Marseille....	6o	21	»	5	25	1	8o	36	»	21	»	12	»
Mézières.....	4o	14	»	3	5o	1	2o	24	»	14	»	8	»
Lille........	6o	21	»	5	25	1	8o	36	»	21	»	12	»
Dunkerque...	7o	24	5o	6	15	2	o5	42	»	24	5o	14	»
Anvers......	65	22	75	5	7o	1	9o	39	»	22	75	13	»

Le commerce de ce département consiste principalement dans l'exportation des blés et des vins, produits de son territoire, et des fers de ses nombreuses usines; ses importations sont peu de chose, n'y ayant que peu de fabriques, ce qui est surtout occasioné par la cherté des transports, car il y existe un grand nombre de cours d'eau dont les chutes ne sont pas, ou sont mal utilisées; et lorsque l'accès des matières premières sera devenu plus facile, ainsi que l'exportation des objets fabriqués, on ne peut pas douter que l'industrie ne prenne dans nos pays un développement considérable. Mais le résultat le plus important des chemins de fer, établis dans un ensemble complet, tel qu'il est supposé dans le tableau précédent, serait de faciliter, d'une manière dont on se fait difficilement idée, l'exportation de nos produits agricoles, et d'augmenter par là de beaucoup la valeur de nos propriétés.

Pour rendre un hectolitre de blé de Dijon à Marseille, la dépense ne serait que de 1 fr. 80 c.; et en comparant les mercuriales des prix, aux mêmes époques, sur les marchés de Marseille et Dijon, on voit que la différence moyenne est de 7 fr. par hectolitre (1); en supposant le bénéfice

____

(1) Le commerce des blés a par fois, dans notre département, enrichi quelques familles; mais il en a ruiné bien d'autres, et la lenteur des transports en a toujours été la cause.

Les blés étant en hausse à Marseille, les négocians font leurs achats dans la Côte-d'Or, espérant pouvoir expédier de suite; mais l'eau baisse, ou la gelée survient, et l'expédition n'a pas lieu. Les prix augmentent toujours à Marseille, les blés étrangers sont

partagé entre le producteur et le consommateur, et eu égard à celui du négociant, on peut donc admettre que celui du propriétaire sera de 2 fr. 50 c. par hectolitre de blé, et proportionnellement sur les autres céréales. Or il s'exporte annuellement pour le midi, en blés, farines, seigles, etc., une valeur d'au moins 60,000 tonnes, ou 700,000 hectolitres de blés; le bénéfice du pays, sur les seules céréales, sera donc environ d'un million sept cent mille francs; mais cet avantage sera peut-être encore mieux senti à l'égard du transport des vins : depuis long-temps nous voyons chaque année décroître le prix de nos vignobles, d'une part à cause de l'énormité des

---

admis, la baisse survient promptement, la rivière permet de descendre, tous les bateaux partent à la fois, les magasins du midi se trouvent encombrés, et le négociant de la Côte-d'Or est obligé de vendre souvent avec une perte énorme; heureux si, par un long séjour dans les bateaux, ou même dans des magasins encombrés, ses blés n'ont pas été avariés.

Rien de pareil n'aurait lieu avec le chemin de fer; le négociant de Marseille ferait ses demandes, celui de la Côte-d'Or réglerait ses achats sur les prix qui lui seraient offerts, et huit jours après ses marchandises seraient rendues à destination. Il n'y aurait donc plus aucune chance de pertes ni d'avaries; à peine la dépense faite, le négociant rentrerait dans ses fonds et recevrait son bénéfice.

D'un autre côté, le cultivateur, qui, forcé par le besoin d'argent de vendre dans ces temps où la navigation est interrompue, ne peut le faire qu'à vil prix, parce qu'on lui oppose la chance d'être obligé de garder long-temps son grain en magasin, et même de le mal vendre; ce cultivateur, dis-je, ne s'entendrait plus alléguer de semblables prétextes. Les prix seraient connus, les expéditions journalières; chacun, par ce moyen, jouirait du fruit de ses travaux.

droits sur les vins et de la gêne que fait éprouver
leur perception, et d'autre part à cause des frais
considérables de transport quand il faut conduire
ces vins à de grandes distances, de la durée de ces
transports et des accidens de toute nature qui arrivent souvent dans le trajet, et au nombre desquels
on peut citer l'infidélité trop habituelle de beaucoup
de voituriers. Il suit de là que l'on ne peut exporter
que ceux d'un grand prix enfermés en doubles fu-
tailles, tandis que l'habitude de boire ayant beaucoup diminué dans le pays, il serait nécessaire de
pouvoir exporter toute la quantité surabondante.

Dans le tableau ci-dessus, on voit qu'il n'en coûterait que 3 fr. 25 c. pour rendre à Paris une pièce
ordinaire, pesant avec le vase environ 250 kilog.;
il n'en coûterait que 5 f. 25 c. pour la rendre à Lille,
5 fr. 70 c. pour la rendre à Anvers.

Le panier de vin de 50 bouteilles, rendu à cette
dernière destination, ne coûterait que 2 fr. 50 cent.
ou un sou de port par bouteille.

Les vins les plus ordinaires pourraient dès-lors
aller dans le nord, et s'y boire au même prix
qu'à Dijon.

Le prix et la durée des voyages seraient si médiocres, que pour des achats de la moindre importance, le négociant de Paris, d'Anvers ou de Londres, pourrait venir choisir lui-même dans les caves
des propriétaires, faire charger, et suivre ses convois sans crainte d'altération ni mélange; les waggons qui les porteraient pourraient être entièrement
clos.

Il ne faudrait pas plus de dix à douze jours au négociant d'Anvers pour venir à Dijon choisir ses vins, les charger et les conduire à son domicile; et l'entrepôt d'Anvers deviendrait celui de la Bourgogne pour notre commerce avec tout le nord de l'Europe.

Que l'on suppose alors pour les vins, comme je l'ai fait ci-dessus pour les blés, le bénéfice partagé entre le consommateur et le producteur, on verra que pour celui-ci ce bénéfice serait énorme, et nos vignes seraient promptement revenues à leur valeur première.

Les habitans de la Côte-d'Or sauront, je n'en doute pas, apprécier ces avantages qui seraient aussi immenses pour tous les pays voisins de la ligne où le chemin serait établi, et j'espère que les propriétaires de vignes voudront concourir à l'exécution de ce projet, qui serait ainsi pour eux la source de doubles bénéfices; j'espère aussi que le gouvernement reconnaîtra son importance, tant sous le rapport de l'intérêt du commerce en général, que sous celui de l'intérêt direct de l'État; c'est donc avec confiance que je viens le lui soumettre, ainsi qu'aux Chambres législatives qui peuvent avoir à examiner la question relative aux tarifs, et qui trouveront sans doute qu'il est de grande importance que ces tarifs soient assez bas pour faire excuser en France un nouveau genre de monopole.

Le gouvernement exerce par lui-même celui des sels et des tabacs, qui fait supporter aux habitans des dépenses beaucoup plus grandes que si l'exploitation était libre, et diminue beaucoup la production et la consommation; que par compensation celui des chemins de fer, leur fournissant l'avantage des transports aux plus bas prix possibles, vienne favoriser l'agriculture et l'industrie.

J'offre également ce projet aux capitalistes qui voudraient concourir à son exécution, me croyant fondé à leur garantir qu'ils ne peuvent faire un emploi de leurs fonds plus utile, et que l'abaissement du tarif est le meilleur moyen de leur assurer la conservation de ses avantages.

Enfin, je le présente également aux compagnies déjà organisées pour le chemin de Lyon à Marseille, et pour celui de Paris au Hâvre, en les engageant à examiner s'il ne conviendrait pas qu'elles voulussent se réunir entre elles et à de nouveaux associés, pour ne former qu'une même entreprise de la ligne entière entre le Hâvre et Marseille.

Si ce projet était favorablement accueilli, dès l'instant où il y aurait un nombre de promesses de souscriptions suffisant pour faire espérer que la société pourrait se former, je proposerais aux fondateurs de choisir une commission dans leur sein, pour visiter avec moi toute la ligne où j'ai projeté le chemin, et apprécier sur les lieux mêmes les bases de mes évaluations de la dépense; ce ne serait qu'après cet examen, celui que ferait la même commission de la probabilité des recettes, et le rapport qui serait fait par elle, que les fondateurs décideraient, dans une nouvelle réunion, s'il devrait être donné suite au projet, et arrêteraient définitivement, dans ce cas, les bases de l'association et la marche qui serait à suivre pour remplir toutes les formalités qui sont déterminées par la loi.

S'il y avait trop de difficultés à réunir la totalité des fonds nécessaires, et que l'on ne pût, par exemple, trouver que la somme de vingt-deux à vingt-trois millions, elle pourrait être employée à faire une partie du chemin sur laquelle on obtiendrait immédiatement le même intérêt des capitaux ; ce serait la partie de Dijon à Lyon, avec l'embranchement de Saint-Jean-de-Losne à Gray.

Par la récapitulation que j'ai présentée (pag. 72), on peut voir que cette partie du chemin recevrait une quantité de marchandises qui surpasserait 500,000 tonnes : elle aurait également une grande quantité de voyageurs.

Il serait, dans tous les cas, convenable d'exécuter d'abord cette partie, qui produirait de suite des bénéfices, pendant que l'on continuerait le chemin du côté de Paris.

Je ne terminerai pas sans faire remarquer ici que, d'après les calculs établis sur l'hypothèse d'un tarif de o f. 35 c., non-seulement je pense qu'à ce taux l'entreprise pourrait être utile, en supposant 500,000 tonnes de transport, mais qu'elle pourrait l'être encore lors même que cette quantité se réduirait à 300,000 tonnes. En effet, la recette serait moindre de 4,200,000 f. ; la dépense annuelle, en ne comptant même que ce qui est porté pour les frais de transport, se réduirait de 1,500,000 fr., et la différence des bénéfices serait de 2,700,000 f., somme qui représente un peu moins de quatre pour cent du capital; il resterait donc encore plus de sept pour cent pour l'intérêt des capitaux; mais j'ai la conviction la plus complète que, bien loin que la quantité des transports de marchandises soit moindre de 500,000 tonnes, elle ne peut que dépasser beaucoup ce nombre; que celui des voyageurs surtout doit s'accroître considérablement; que ce sera le résultat de la modicité du tarif, et qu'il ne serait nullement dans l'intérêt de la compagnie d'en désirer un plus fort.

Si cependant l'assemblée des fondateurs en jugeait autrement, l'indication donnée dans mes calculs ne l'engagerait en aucune manière; ce serait elle qui déciderait à quel taux devrait se faire la soumission.

Dijon, ce 12 janvier 1833.

ARNOLLET.

NOTE ADDITIONNELLE

AU MÉMOIRE SUR LE PROJET DE CHEMIN DE FER.

On a vu par le mémoire qui précède que la résistance opposée par les waggons, sur les rails des chemins de fer, aux
moteurs employés pour les traîner, bien qu'infiniment moindre
que celle des voitures sur les routes, est cependant encore considérable, et beaucoup plus grande que l'opinion commune ne
la suppose ; les calculs que j'ai faits à cet égard m'ayant montré
combien il serait important de diminuer cette résistance, je me
suis occupé de la recherche des moyens qui pourraient atteindre
ce but, et, pendant que le mémoire s'imprimait, je suis par-
venu à composer un système nouveau de waggons, par lequel la
force nécessaire pour les tirer, sur les chemins de niveau, peut
être diminuée des deux tiers.

Ce résultat, en réduisant dans la même proportion la dépense,
si l'on emploie les mêmes moteurs, vient lever tous les doutes
que l'on aurait encore pu conserver sur l'avantage des chemins
de fer comparés à toutes autres voies de transports ; mais il fournit
de plus le moyen de résoudre une autre difficulté ; il permet de
se dispenser de l'emploi des machines locomotives, du moins
pendant quelques années, pour la majeure partie des transports,
et d'y employer les chevaux actuellement occupés au roulage,
aux messageries, aux voitures d'eau, avec une dépense moindre
que celle qui devait avoir lieu par les machines locomotives, à
l'aide des waggons actuels ; par ce moyen la transition sera moins
sentie, et un grand nombre de ceux qui font métier de la con-
duite des chevaux trouveront à s'occuper sur le nouveau chemin. L'avantage que la compagnie retirerait de l'emploi de ce
nouveau système serait, malgré cela, encore très-grand ; en

effet, on a vu dans le mémoire que la dépense journalière pour un transport supposé de 1500 tonnes, exécuté par 170 machines locomotives, serait de 60 francs pour chacune d'elles, chaque machine étant supposée tirer 36 tonnes de marchandises et employer quatre jours pour le voyage. — Par le nouveau système de waggons, chaque cheval, qui traîne actuellement 6 tonnes (non compris waggons) pourra en traîner 18. Ainsi, deux chevaux produiront un effort égal à celui de la machine locomotive, mais avec une vitesse qui ne sera que des 2/5es, et comme les mêmes chevaux ne travailleront que la moitié du temps chaque jour, ils ne produiront qu'un cinquième d'effet utile ; il faudra donc le travail réel de dix journées de cheval pour donner le même résultat que dans l'autre système on obtiendrait de la machine ; on aura donc à employer 1700 chevaux au lieu de 170 machines.

Évaluant à cinq francs la journée des chevaux (compris un conducteur pour trois), la dépense pour remplacer le service d'une machine sera de 50 francs par jour au lieu de 60 ; il y aura donc pour les 170 une économie de 1700 francs par jour, ou de 620,000 francs pour l'année ; mais une autre économie bien plus grande résultera de la moindre dépense d'entretien des machines elles-mêmes et du chemin qui ne sera plus fatigué par leur énorme poids, et la somme de ces économies sera au moins de 2 millions par année ; il est vrai que les transports de Paris à Lyon dureront huit jours au lieu de quatre, mais cette différence sera peu importante pour la très-grande majorité des marchandises, et il y aura compensation parce que les marchandises précieuses pourront, ainsi que les voyageurs, être transportées plus rapidement par des machines locomotives plus légères, de la force seulement de quatre à cinq chevaux au plus, que l'on appliquera ensuite progressivement aux convois, et alors l'économie annuelle pourra s'élever à 3 millions. Si, même avant l'établissement de toutes les machines locomotives, une concurrence voulait s'élever, ce qui ne pourrait avoir lieu que par les bateaux à vapeur, aux approches de Lyon et Paris, et seulement pendant quelques mois de l'année, la compagnie du chemin de fer aurait la faculté de baisser son tarif, sans éprouver de perte, de manière à rendre bientôt toutes ces tentatives inutiles ; car, d'après ce que j'ai exposé ci-dessus pour le transport au moyen de chevaux, la dépense journalière de 10 francs suffirait pour conduire 18 tonnes à 40,000 mètres, ou 72 tonnes à 1 myriamètre; ce ne serait donc pour chaque tonne que 0 fr. 14 c. par myriamètre, et, par aucune autre voie, la dépense ne pourra être moindre.

Il sera dressé incessamment un procès-verbal authentique de l'expérience qui sera faite sur un waggon construit en grand dans le nouveau système comparé à ceux qui dans ce moment sont employés sur tous les chemins de fer, en France ainsi qu'en Angleterre. Ce procès-verbal sera inséré dans un prospectus qui sera immédiatement publié.

Je me suis pourvu, pour en faire jouir la société qui voudra exécuter mon projet, d'un brevet d'invention pour la construction de cette machine, me réservant la faculté d'en disposer à l'égard des autres chemins.

CET OUVRAGE SE TROUVE :

A Paris, chez BACHELIER, libraire, quai des Augustins;
A Rouen, chez FRÈRE, aîné;
A Lyon, chez LAURENT, rue Saint-Pierre;
A Dijon, chez Victor LAGIER, libraire.